Huber
Testamente
und Erbverträge

Testamente und Erbverträge

von
Rechtsanwalt Dr. Günter Huber
Freiburg i. Br.

6. Auflage

WRS VERLAG WIRTSCHAFT, RECHT UND STEUERN

Die Deutsche Bibliothek – CIP-Einheitsaufnahme

Huber, Günter:
Testamente und Erbverträge / von Günter Huber. – 6.,
aktualisierte Aufl. – Planegg/München : WRS, Verl. Wirtschaft,
Recht und Steuern, 1994
(WRS-Mustertexte ; Bd. Nr. 2)
ISBN 3-8092-1069-2
NE: GT

ISBN 3-8092-1069-2 Bestell-Nr. 72.05

1. Auflage 1984 (ISBN 3-8092-0200-2)
2., durchgesehene Auflage 1985 (ISBN 3-8092-0243-6)
3., durchgesehene und ergänzte Auflage 1987 (ISBN 3-8092-0343-2)
4., durchgesehene und erweiterte Auflage 1988 (ISBN 3-8092-0474-9)
5., völlig überarbeitete und erweiterte Auflage 1991 (ISBN 3-8092-0825-6)
6., aktualisierte Auflage 1994

Postanschrift: Postfach 1363, 82142 Planegg
Hausanschrift: Fraunhoferstraße 5, 82152 Planegg
Tel. (089) 89517-0, Telefax (089) 89517-250
Lektorat: Assessorin Ingrid Petersen

Satz und Druck: Schoder Druck GmbH & Co. KG, 86368 Gersthofen

Inhaltsverzeichnis

Seite

Abkürzungsverzeichnis

a.a.O.	am angegebenen Ort
AG	Aktiengesellschaft
Abs.	Absatz
Abschn.	Abschnitt
Anm.	Anmerkung
Art.	Artikel
BFH	Bundesfinanzhof
BGB	Bürgerliches Gesetzbuch
BGH	Bundesgerichtshof
d. h.	das heißt
EGBGB	Einführungsgesetz zum Bürgerlichen Gesetzbuch
EStG	Einkommenssteuergesetz
f., ff.	folgende
ggf.	gegebenenfalls
GmbH	Gesellschaft mit beschränkter Haftung
KÖSDI	Kölner Steuerdialog (Zeitschrift)
LSW	Lexikon des Steuer- und Wirtschaftsrechts
Rdn.	Randnummer
S.	Seite
sog.	sogenannt
u. U.	unter Umständen
v.	von
vgl.	vergleiche
z. B.	zum Beispiel
ZGB	Zivilgesetzbuch (der DDR)
Ziff.	Ziffer

Vorwort

Die vorliegende Broschüre befaßt sich mit den Teilen des Erbrechts, die für die Abfassung eines Testaments oder die Errichtung eines Erbvertrages von Bedeutung sind. Es will dem Leser in kurzer, leichtverständlicher Form und anhand vieler Beispiele die notwendigen Kenntnisse zur Errichtung und Gestaltung von Testamenten und Erbverträgen vermitteln. Besondere Bedeutung kommt dabei der ausführlichen Mustersammlung zu. Hier findet der Leser für typische Fallkonstellationen eine Vielzahl sorgfältig ausformulierter Testamentsmuster. Die Muster können je nach den individuellen Gegebenheiten und Wünschen teilweise unverändert, teilweise mit Modifikationen für die Testamentsgestaltung übernommen werden. Für gewünschte oder notwendige Änderungen und Ergänzungen finden sich bei den Testamentsmustern vielfache Anregungen.

Nur in beschränkter Zahl sind Muster für Erbverträge aufgenommen, da ihnen in der Praxis eine geringere Bedeutung zukommt und Erbverträge vor dem Notar abgeschlossen werden müssen, der die Vertragsschließenden berät. Außerdem können die Regelungen in Testamenten meist auch für die Erbverträge verwendet werden.

Die abgedruckten Muster stellen in erster Linie eine Orientierungshilfe dar. Sie sollen zweckmäßige Anhaltspunkte dafür geben, was in Testamenten und Erbverträgen enthalten sein soll oder könnte. Eine Haftung kann allerdings nicht übernommen werden.

Günter Huber

1 Einleitung

Der Gedanke an eine Testamentserrichtung ist zwangsläufig eng verknüpft mit dem für viele Menschen unangenehmen Gedanken an den eigenen Tod. Dies mag der Grund sein, warum Testamente oft gar nicht abgefaßt werden oder erst zu einem Zeitpunkt, wenn der Testierende wegen schwerer Erkrankung die vielschichtigen Probleme der Testamentsgestaltung nicht mehr mit der nötigen Ruhe und Sorgfalt durchdenken kann. Die frühe Niederschrift des letzten Willens ist jedoch auch deshalb immer zweckmäßig, weil ein unerwarteter Todesfall niemals auszuschließen ist. Das Fehlen eines Testaments oder dessen fehlerhafte Errichtung könnte jedoch erhebliche Nachteile für die Angehörigen mit sich bringen. Dies gilt insbesondere bei größeren Vermögenswerten mit Haus- und Grundbesitz oder bei Unternehmen. Gerade Unternehmer sollte ihre Erbfolge selbst gestalten, um ihre Angehörigen zu sichern und die Fortführung des Unternehmens zu ermöglichen oder zu erleichtern.

Fehler bei der Testamentserrichtung und Gestaltung lassen sich, wenn der Erbfall eingetreten ist, nicht mehr korrigieren und führen nicht selten zu erheblichen familären Auseinandersetzungen und teueren Erbschaftsprozessen, die sich bei rechtzeitiger Erbrechtsgestaltung hätten vermeiden lassen. Zur Vermeidung von Fehlern bei der Testamentserrichtung und zur optimalen Gestaltung des letzten Willens sind die nachstehenden Ausführungen gedacht. Selbstverständlich können hierbei angesichts der Komplexität des Erbrechts und des beschränkten Umfangs des Buches nicht alle erbrechtlichen Fragestellungen im einzelnen behandelt werden. Bei schwierigen Erbrechtsgestaltungen, insbesondere bei komplizierten Familienverhältnissen, bei Unternehmern und größeren Vermögenswerten, die individuell abgestimmte Regelungen erfordern, kann die Beratung durch einen sachkundigen Anwalt oder Notar erforderlich sein.

2 Grundprinzipien des Erbrechts

2.1 Allgemeines

Jeder Verstorbene (Erblasser) wird durch eine Person (Alleinerbe) oder mehrere Personen gemeinsam (Erbengemeinschaft) beerbt. Sein Vermögen geht dabei ebenso wie seine Verbindlichkeiten im Ganzen auf den Erben oder die Erbengemeinschaft über.[1] Mit dem Tod des Erblassers (Erbfall) werden anstelle des Verstorbenen dessen Erben Inhaber seiner Forderungen, Eigentümer seiner Gegenstände und Schuldner seiner Verbindlichkeiten. Dabei geht mit dem Erbfall das Eigentum an Grundstücken des Erblassers auf den Erben über, ohne daß es einer Eintragung im Grundbuch bedarf.

> **Beispiel:** Der unverheiratete Erblasser E hat eine Forderung in Höhe von 50.000,– DM gegen A, schuldet B 20.000,– DM und ist Eigentümer eines unbelasteten Hauses im Wert von 500.000,– DM. Sein einziger Sohn Dieter ist Alleinerbe und wird mit dem Erbfall Eigentümer des Hauses, Inhaber der Forderung gegen A und Schuldner der Forderung des B.

Bei mehreren Erben gehen das Vermögen und die Verbindlichkeiten auf die Erben zur gesamten Hand über.

> **Beispiel:** Die Kinder Karl und Monika des Erblassers E, der Eigentümer eines Hauses und eines Autos war und eine Forderung über 10.000,– DM sowie Schulden in Höhe von 30.000,– DM hatte, werden nach seinem Tod seine Erben. Sie werden gemeinschaftlich Eigentümer des Hauses und des Autos, Inhaber der Forderung und Schuldner seiner Verbindlichkeiten.

Die Erben bilden untereinander eine **Erbengemeinschaft,** die die Erbschaft (Nachlaß) gemeinschaftlich bis zur Auseinandersetzung verwaltet und gemeinsam für die Nachlaßschulden aufkommen muß. Über Nachlaßgegenstände können die Erben nur gemeinschaftlich verfügen. Gehört ein Anspruch zum Nachlaß, kann der Schuldner nur an alle Erben gemeinschaftlich mit befreiender Wirkung leisten und jeder Miterbe kann die Leistung nur an alle Erben fordern.

---

1 Prinzip der Universalsukzession oder Gesamtrechtsnachfolge, ausführlich hierzu Harder, Grundzüge des Erbrechts, S. 4; Kipp/Coing, Erbrecht, § 91 II.

Jeder Miterbe ist den anderen gegenüber verpflichtet, bei Maßnahmen mitzuwirken, die zur ordnungsgemäßen Verwaltung des Nachlasses erforderlich sind. Die zur Erhaltung notwendigen Maßnahmen kann jeder Miterbe allein treffen (§ 2038 Abs. 1 BGB).

Grundsätzlich kann jeder Miterbe jederzeit verlangen, daß der Nachlaß auseinandergesetzt wird. Kommt keine Einigung zwischen den Miterben über die **Auseinandersetzung** zustande, werden, soweit vorhanden, gleichartige Gegenstände aufgeteilt, die übrigen Gegenstände werden verkauft oder versteigert, der Erlös wird verteilt.[1]

> **Beispiel:** Die aus den Kindern Albert, Barbara und Charlotte zu gleichen Teilen bestehende Erbengemeinschaft kann sich über die Verteilung des Nachlasses, der aus einem Haus, einer Kunstsammlung, einem Unternehmen und dem Hausrat besteht, nicht einigen. Die Nachlaßgegenstände werden verkauft und versteigert. Der Nachlaßerlös wird nach Tilgung der Verbindlichkeiten auf die Kinder je zu einem Drittel verteilt.

2.2 Gesetzliche Erbfolge

Die gesetzliche Erbfolge tritt immer dann ein, wenn die Erbfolge nicht durch Verfügung von Todes wegen, d.h. Testament oder Erbvertrag anderweitig geregelt ist. Als gesetzliche Erben kommen die Verwandten und der Ehegatte des Erblassers in Betracht. Ist zur Zeit des Erbfalls weder ein Verwandter noch ein Ehegatte des Erblassers vorhanden, ist der Staat zum gesetzlichen Erben berufen (§ 1936 BGB).

2.2.1 Das Erbrecht der Verwandten

Das gesetzliche Erbrecht der Verwandten richtet sich nach dem Grad ihres Verwandtschaftsverhältnisses zum Erblasser. Das Verwandtschaftsverhältnis wird vom Gesetz nach verschiedenen **„Ordnungen"** (Parentelsystem) eingeteilt. Welche Verwandten zur gesetzlichen Erbfolge berufen sind, richtet sich danach, welcher Ordnung sie angehören. Dabei sind die Verwandten einer nachfolgenden Ordnung nicht zur Erbschaft berufen, solange zumindest ein Verwandter einer vorhergehenden Ordnung vorhanden ist. Die Verwandten zweiter Ordnung sind danach nur zur Erbschaft berufen, wenn kein Verwandter erster Ord-

---

1 Zu den Einzelheiten der Nachlaßauseinandersetzung siehe Schlüter, Erbrecht, § 39; Lange/Kuchinke, Lehrbuch des Erbrechts, S. 896ff.

nung vorhanden ist, die Verwandten dritter Ordnung erben nur, wenn kein Verwandter zweiter oder erster Ordnung vorhanden ist, etc.

Gesetzliche Erben der **ersten Ordnung** sind die Abkömmlinge (Kinder und Kindeskinder) des Erblassers. Die Abkömmlinge werden dabei in sog. **Stämme** eingeteilt. Jedes Kind des Erblassers bildet mit seinen Kindern und Kindeskindern einen Stamm.

> **Beispiel:** E hinterläßt seinen Sohn Wolfgang mit dessen Kindern Erika und Christiane sowie seine Tochter Berta mit ihren Kindern Paul und Beate. Wolfgang mit seinen Kindern und Berta mit ihren Kindern bilden jeweils einen Stamm.

Innerhalb der Stämme schließt ein zur Zeit des Erbfalls lebender Abkömmling die durch ihn mit dem Erblasser verwandten Abkömmlinge von der Erbfolge aus. Danach sind in erster Linie die Kinder des Erblassers zur Erbschaft berufen. In obigem Beispiel erben Sohn Wolfgang und Tochter Berta und schließen ihre Kinder von der Erbfolge aus.

An die Stelle eines z.Zt. des Erbfalls nicht mehr lebenden Abkömmlings treten dessen Abkömmlinge, sog. **Erbfolge nach Stämmen** (§ 1924 Abs. 3 BGB).

> **Beispiel:** Erblasser E hinterläßt seine Tochter Margot und seine Enkel Peter und Christine, Kinder seines vorverstorbenen Sohnes Siegfried. An die Stelle des nicht mehr lebenden Siegfried treten die Enkel Peter und Christine.

Die Höhe des Erbanteils der Verwandten richtet sich nach der Anzahl der Stämme. Die Stämme erben zu gleichen Teilen.

> **Beispiel:** E hinterläßt seine Kinder Berthold, Hans und seinen Enkel Karl, Sohn seiner verstorbenen Tochter Klara. Jeder Stamm ist zu gleichen Teilen, also zu einem Drittel, zur Erbschaft berufen. Die Kinder Berthold und Hans und der Enkel Karl werden jeweils zu einem Drittel Erben.

Fällt ein Stammerbteil an mehrere Nachkommen, so werden die Nachkommen wiederum in Stämme eingeteilt, die zu gleichen Teilen zur Erbschaft berufen sind.

> **Beispiel:** Erblasser E hinterläßt seinen Sohn Albert und seine Enkel Dorothea und Diana, Kinder seiner vorverstorbenen Tochter Monika. An die Stelle der nicht mehr lebenden Monika treten Dorothea und

Diana, an die zu gleichen Teilen das Stammerbteil fällt. Albert wird danach zu einem Halb, Dorothea und Diana werden jeweils zu einem Viertel gesetzliche Erben.

Bei komplizierten Familienverhältnissen lassen sich die Erbanteile anhand eines **Stammbaums** bestimmen.

Beispiel: Der hochbetagte Erblasser E hinterläßt mehrere Kinder (K), Enkel (E) und Urenkel (UE). Die im Schaubild mit † versehenen Abkömmlinge sind vorverstorben, ihre in Klammern angegebenen Erbteilquoten gehen auf ihre Abkömmlinge über.

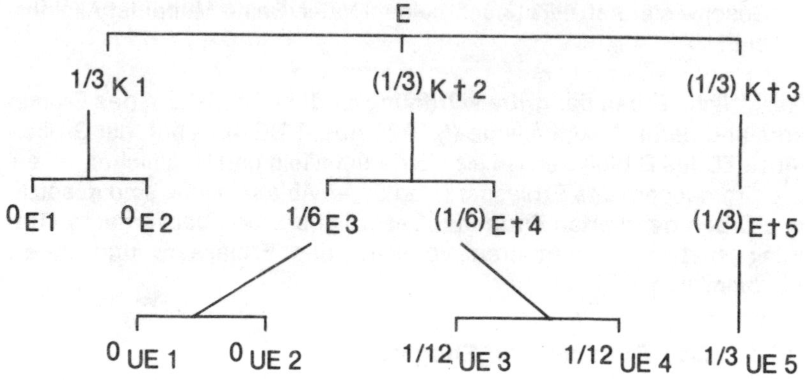

K 1 erbt ein Drittel und schließt seine Kinder E 1 und E 2 von der Erbfolge aus. E 3 erhält ein Sechstel, die Hälfte des Erbteils von K 2 und schließt seine Kinder UE 1 und UE 2 von der Erbfolge aus. UE 3 und UE 4 erhalten zusammen den Erbteil von E 4, jeder erhält 1/12. UE 5 erhält den Drittelerbteil von K 3, der über E 5 auf ihn übergegangen ist.

Gesetzliche Erben der **zweiten Ordnung** sind die Eltern des Erblassers und deren Abkömmlinge (§ 1925 Abs. 1 BGB). Leben zur Zeit des Erbfalls die Eltern, so erben sie allein und zu gleichen Teilen (§ 1925 Abs. 2 BGB).

Beispiel: Der kinderlose, unverheiratete oder verwitwete Erblasser hinterläßt seine Eltern und Geschwister. Die Eltern werden jeweils zu einem Halb gesetzliche Erben.

Leben zur Zeit des Erbfalls der Vater oder die Mutter nicht mehr, treten an die Stelle des Verstorbenen dessen Abkömmlinge nach den für die Beerbung in der ersten Ordnung geltenden Vorschriften (§ 1925 Abs. 3 BGB).

> **Beispiel:** Der kinderlose, unverheiratete oder verwitwete Erblasser hinterläßt seine Mutter und einen Bruder. Seine Mutter und sein Bruder werden jeweils zu einem Halb gesetzliche Erben.

Sind Abkömmlinge des Verstorbenen nicht vorhanden, erbt der überlebende Elternteil allein.

> **Beispiel:** Der kinderlose, nicht verheiratete Erblasser E, der keine Geschwister hat, stirbt nach seinem Vater. Seine Mutter ist Alleinerbin.

Gesetzliche Erben der **dritten Ordnung** sind die Großeltern des Erblassers und deren Abkömmlinge (§ 1926 Abs. 1 BGB). Leben die Großeltern z.Zt. des Erbfalls, erben sie wiederum allein und zu gleichen Teilen. Die Urgroßeltern des Erblassers und deren Abkömmlinge sind gesetzliche Erben der **vierten Ordnung.** Gesetzliche Erben der **ferneren Ordnung** sind die entfernteren Voreltern des Erblassers und deren Abkömmlinge.

2.2.2 Das Erbrecht des Ehegatten

Das Erbrecht des Ehegatten hängt vom ehelichen Güterstand und vom Grad der Verwandtschaft der sonstigen gesetzlichen Erben ab. Der danach den Verwandten verbleibende Erbteil wird unter ihnen entsprechend dem Grad ihres Verwandtschaftsverhältnisses aufgeteilt.

Neben den Verwandten der ersten Ordnung ist der Ehegatte grundsätzlich zu einem Viertel als gesetzlicher Erbe berufen (§ 1931 Abs. 1 BGB).

> **Beispiel:** Der Erblasser E hinterläßt seine Frau und zwei Kinder. Seine Frau wird zu einem Viertel, seine beiden Kinder teilen sich den verbleibenden Erbteil und werden jeweils zu drei Achtel gesetzliche Erben.

Neben Verwandten der zweiten Ordnung oder neben Großeltern wird der Ehegatte grundsätzlich zur Hälfte gesetzlicher Erbe. Sind weder Verwandte der ersten oder zweiten Ordnung noch Großeltern vorhanden, erhält der überlebende Ehegatte die ganze Erbschaft.

Soweit in einem Erbvertrag nichts anderes vereinbart ist – und das ist der Normalfall –, leben die Ehegatten im Güterstand der **Zugewinngemeinschaft.** In diesem Fall erhöht sich zum Ausgleich des Zugewinns, unabhängig davon, ob der Ehegatte im Einzelfall einen Zugewinn erzielt hatte, der gesetzliche Erbteil des überlebenden Ehegatten um ein Viertel der Erbschaft (§ 1371 Abs. 1 BGB).

> **Beispiel:** Der Erblasser E lebt im gesetzlichen Güterstand der Zugewinngemeinschaft. Er hinterläßt seine Frau und zwei Kinder. Seine Witwe wird zur Hälfte, seine Kinder werden jeweils zu einem Viertel Erben.

Bestand beim Erbfall **Gütertrennung** und sind als gesetzliche Erben neben dem überlebenden Ehegatten ein oder zwei Kinder des Erblassers berufen, so erben der überlebende Ehegatte und jedes Kind zu gleichen Teilen (§ 1931 Abs. 4 BGB).

> **Beispiel:** Der Erblasser E hatte mit seiner Ehefrau Gütertrennung vereinbart. Nach seinem Tod werden seine Frau und seine beiden Kinder Erben jeweils zu einem Drittel.

Ist der überlebende Ehegatte neben Verwandten der zweiten Ordnung oder neben Großeltern gesetzlich Erbe, erhält er außer dem Erbteil die zum ehelichen Haushalt gehörenden Gegenstände, soweit sie nicht Zubehör eines Grundstücks sind, und die Hochzeitsgeschenke als sog. **Voraus** (§ 1932 BGB). Ist der überlebende Ehegatte neben Verwandten der ersten Ordnung gesetzlicher Erbe, erhält er diese Gegenstände nur, soweit er sie zur Führung eines angemessenen Haushalts benötigt.

Übersicht über die gesetzlichen Erbanteile des Ehegatten

Der Ehegatte wird mit folgenden Anteilen gesetzlicher Erbe[1]:

a) Beim gesetzlichen Güterstand der **Zugewinngemeinschaft** erbt der Ehegatte
   1. neben Abkömmlingen zu einem Halb,
   2. neben Eltern und deren Abkömmlingen zu drei Viertel,
   3. neben Großeltern zu drei Viertel,
   4. ansonsten erbt er alleine.

b) Beim Güterstand der **Gütertrennung** erbt der überlebende Ehegatte

1. neben Abkömmlingen
   - bei einem Kind zu einem Halb,
   - bei zwei Kindern zu einem Drittel,
   - ab drei Kindern zu einem Viertel,
2. neben Eltern und deren Abkömmlingen zu einem Halb,
3. neben Großeltern zu einem Halb,
4. ansonsten erbt er alleine.

c) Beim Güterstand der **Gütergemeinschaft**

1. neben Abkömmlingen zu einem Viertel,
2. neben Eltern und deren Abkömmlingen zu einem Halb,
3. neben Großeltern zu einem Halb,
4. ansonsten erbt er alleine.

2.2.3 Das Erbrecht des nichtehelichen Kindes

Seit dem 1. Juli 1970 ist die Verwandtschaft eines nichtehelichen Kindes mit seinem Vater und dessen Verwandten gesetzlich anerkannt. Das nichteheliche Kind wäre danach wie ein eheliches als Erbe erster Ordnung zur Erbschaft nach dem Tod seines Vaters berufen.

Da das nichteheliche Kind jedoch normalerweise keine enge Bindung zur Familie hat und angesichts der erheblichen Verflechtungen einer Erbengemeinschaft Komplikationen möglich sind, gibt das Gesetz dem nichtehelichen Kind und seinen Abkömmlingen beim Tod des Vaters und beim Tod von väterlichen Verwandten neben ehelichen Abkömmlingen und neben dem Ehegatten anstelle des gesetzlichen Erbteils einen **Erbersatzanspruch** (§ 1934 a Abs. 1 BGB). Dieser Erbersatzanspruch ist eine Geldforderung in Höhe des Wertes des gesetzlichen Erbteils und richtet sich gegen den Erben. Die Forderung verjährt in drei Jahren ab Kenntnis vom Eintritt des Erbfalls und der Umstände, aus denen sich das Bestehen des Anspruchs ergibt (§ 1934 b Abs. 2 BGB).

Statt dieses Erbersatzanspruchs kann ein nichteheliches Kind gemäß § 1934 d BGB zwischen dem 21. und 27. Lebensjahr einen **vorzeitigen Erbausgleich** verlangen.

Der Anspruch auf vorzeitigen Erbausgleich beträgt das Dreifache des Unterhalts, den der Vater dem Kinde im Durchschnitt der letzten fünf Jahre, in denen es voll unterhaltsbedürftig war, jährlich zu leisten hatte.

Eine Vereinbarung, die zwischen dem Kind und dem Vater über den Erbausgleich getroffen wird, bedarf der notariellen Beurkundung.

Ist über den Erbausgleich eine wirksame Vereinbarung getroffen oder ist er durch rechtskräftiges Urteil zuerkannt, sind beim Tod des Vaters und beim Tode väterlicher Verwandter das Kind und dessen Abkömmlinge, beim Tode des Kindes sowie beim Tod von Abkömmlingen des Kindes der Vater und dessen Verwandte nicht gesetzliche Erben und nicht pflichtteilsberechtigt (§ 1934 e BGB).

2.2.4 Das Erbrecht adoptierter Kinder

Die Adoption **Minderjähriger** führt dazu, daß das Kind die rechtliche Stellung eines ehelichen Kindes erhält und das Verwandtschaftsverhältnis zu den leiblichen Verwandten mit allen Rechten und Pflichten erlischt (§ 1754 f. BGB).

Die als minderjährig adoptierten Personen sind deshalb wie leibliche Kinder zur gesetzlichen Erbfolge des Adoptierenden und dessen Verwandten berufen, ebenso wie umgekehrt die Adoptierenden und ihre Verwandten als gesetzliche Erben des adoptierten Kindes in Frage kommen.

Bei der Adoption **volljähriger** Personen entsteht grundsätzlich keine Verwandtschaft und damit auch kein gesetzliches Erbrecht zwischen dem Adoptierten und den Verwandten des Adoptierenden, sondern lediglich zwischen dem Adoptierten und dem Adoptierenden. Das Verwandtschaftsverhältnis und damit das Erbrecht des Adoptierten und seiner Abkömmlinge zu seinen leiblichen Verwandten bleibt bestehen.

Unter bestimmten Voraussetzungen, z.B. wenn der Annehmende sein nichteheliches Kind oder das Kind seines Ehegatten annimmt oder wenn der Adoptierte bereits als Minderjähriger in die Familie des Annehmenden aufgenommen worden war, kann eine Volladoption Volljähriger erfolgen (§ 1772 BGB).

2.2.5 Gesetzliche Hoferbenordnung

In den Ländern Hamburg, Niedersachsen, Nordrhein-Westfalen und Schleswig-Holstein gilt für bestimmte landwirtschaftliche und forstwirtschaftliche Betriebe die Erbfolge nach der Höfeordnung.[1] Als Hoferben

1 In Baden-Württemberg, Bremen, Hessen und Rheinland-Pfalz gibt es besondere landesrechtliche höfe- bzw. anerbenrechtliche Bestimmungen. In Bayern, im Saarland und in Westberlin ist demgegenüber auch bei Vererbung von Höfen nur das BGB anzuwenden.

sind danach zuerst die Kinder des Erblassers und deren Abkömmlinge berufen, nach den Kindern der Ehegatte, danach die Eltern, wenn der Hof von ihnen oder aus ihrer Familie stammt oder mit ihren Mitteln erworben ist, und schließlich die Geschwister des Erblassers und deren Abkömmlinge.[1]

2.3 Pflichtteilsrecht

Werden Abkömmlinge, der Ehegatte oder die Eltern des Erblassers von der gesetzlichen Erbfolge ausgeschlossen, stehen ihnen Pflichtteilsansprüche zu (§ 2303 BGB). Voraussetzung ist allerdings, daß sie bei Eintritt der gesetzlichen Erbfolge Erben geworden wären, aber durch Testament oder Erbvertrag von der Erbfolge ausgeschlossen wurden

> **Beispiel:** Der Erblasser E, der seine Ehefrau, zwei Kinder und seine Eltern hinterläßt, hat seine Studienfreundin im Testament als Alleinerbin eingesetzt. Seine Witwe und seine Kinder sind pflichtteilsberechtigt, nicht aber seine Eltern, da diese als Verwandte zweiter Ordnung nicht zur gesetzlichen Erbfolge berufen worden wären.

Die ausdrückliche Enterbung eines gesetzlichen Erben ist nicht erforderlich. Ausreichend ist, wenn ein nach der gesetzlichen Erbfolge zur Erbschaft berufener Verwandter nichts von der Erbschaft erhält.

Der Pflichtteilsanspruch besteht in der **Hälfte des Wertes des gesetzlichen Erbteils.**

> **Beispiel:** Der verwitwete Erblasser E vererbt sein Vermögen im Wert von 1.000.000,– DM an eine gemeinnützige Stiftung. Sein einziges Kind Klaus, das nach der gesetzlichen Erbfolge Alleinerbe geworden wäre, hat einen Pflichtteilsanspruch in Höhe von 500.000,– DM.

Wurde ein Pflichtteilsberechtigter mit einem Erbteil oder einem Vermächtnis bedacht, dessen Wert geringer ist als sein Pflichtteilsanspruch, kann er die Ergänzung bis zur Höhe seines Pflichtteils verlangen (§ 2305 BGB).

Um das Pflichtteilsrecht nicht umgehen zu können, sind **Schenkungen, die den Nachlaß verringern** und dadurch den Pflichtteilsberechtigten benachteiligen können, anrechenbar. Hat der Erblasser innerhalb der letzten zehn Jahre vor seinem Tod Dritte beschenkt, kann der Pflichtteilsberechtigte – außer bei Anstandsschenkungen – als Ergänzung des

---

1 Ausführlicher hierzu Linde/Clausnitzer/Kohlhepp, Vorteilhafte Testamentsgestaltung, S. 122, Fischer in Schönhofer/Reinisch, Haus- und Grundbesitz in Recht und Praxis, Gruppe 14, S. 47ff., Palandt-Edenhofer, Art. 64 EGBGB Rdn. 4ff.

Pflichtteils den Betrag verlangen, um den sich der Pflichtteil erhöht, wenn der verschenkte Gegenstand dem Nachlaß hinzugerechnet wird (§ 2325 BGB). Ist die Schenkung an den Ehegatten des Erblassers erfolgt, beginnt die 10-Jahresfrist erst mit Auflösung der Ehe.

Der Pflichtteilsanspruch ist ein Geldanspruch, der sich gegen die Erben richtet. Die Erben sind verpflichtet, dem Pflichtteilsberechtigten seinen Pflichtteil auszuzahlen. Sie haben ihm auf Verlangen über den Bestand des Nachlasses Auskunft zu erteilen. Der Berechnung des Pflichtteils wird der Bestand und der Wert des Nachlasses zur Zeit des Erbfalls zugrundegelegt.

Der Pflichtteilsanspruch **verjährt** in drei Jahren von dem Zeitpunkt an, in welchem der Pflichtteilsberechtigte von dem Eintritt des Erbfalls und von der ihn beeinträchtigenden Verfügung Kenntnis erlangt, ohne Rücksicht auf diese Kenntnis in 30 Jahren ab Eintritt des Erbfalls (§ 2332 BGB).

Bei besonders gravierenden Verfehlungen (z.B. Verbrechen oder schweres vorsätzliches Vergehen gegen Erblasser oder dessen Ehegatten; ehrloser oder unsittlicher Lebenswandel; böswillige Verletzung der dem Erblasser gegenüber obliegenden Unterhaltspflicht) kann der **Pflichtteilsanspruch entzogen** werden (§§ 2333 ff. BGB). Dabei muß Grund für die Entziehung angegeben werden. Hat sich ein Abkömmling in solchem Maße überschuldet, daß sein späterer Erwerb erheblich gefährdet wird, kann der Erblasser das Pflichtteilsrecht des Abkömmlings durch Anordnungen beschränken (§ 2338 BGB).

Nach § 2315 BGB besteht die Möglichkeit, Pflichtteilsberechtigte bei Lebzeiten des Erblassers ganz oder teilweise durch Vermögensvorteile, die mit der ausdrücklichen Bestimmung der Anrechnung auf den Pflichtteil zugewendet werden, abzufinden.[1]

2.4 Gestaltungsmöglichkeiten bei Testamenten und Erbverträgen

Die nach dem deutschen Recht bestehende Testierfreiheit ermöglicht es, die Erbfolge durch Verfügungen von Todes wegen, das sind Testamente und Erbverträge, grundsätzlich nach Belieben frei zu regeln. Inhaltliche Schranken stellen lediglich die Pflichtteilsrechte und die guten Sitten[2] dar.

1 Ausführlicher hierzu Huber, Wie errichte und gestalte ich ein Testament? LSW Gruppe 8, S. 625ff.

2 Die Gefahr der Unwirksamkeit wegen Verstoßes gegen die guten Sitten besteht nach der Rechtsprechung insbesondere bei Zuwendungen an Geliebte bei ehewidrigen Beziehungen, ausführlich Leipold, Grundzüge des Erbrechts, S. 85ff., v. Lübtow, Erbrecht, Band 1 S. 308ff.

2.4.1 Erbeinsetzung

Allgemeines ● Wichtigste Regelung im Testament oder Erbvertrag ist die Bestimmung, wer Erbe sein soll.

Der Erbe ist die Person, auf die das Vermögen und die Verbindlichkeiten des Erblassers im ganzen übergehen. Mit dem Tod des Erblassers wird anstelle des Verstorbenen sein Erbe Inhaber seiner Forderungen, Eigentümer seiner Gegenstände und Schuldner seiner Verbindlichkeiten.

Werden mehrere Personen als Erben eingesetzt, gehen das Vermögen und die Verbindlichkeiten im Erbfall auf die Erben zur gesamten Hand über; die Erben bilden untereinander eine **Erbengemeinschaft.**

Jede Person, auch sog. juristische Personen wie z.B. GmbH, Aktiengesellschaft, eingetragener Verein, kann als Erbe eingesetzt werden. Werden mehrere Personen als Erben eingesetzt, sind die Erbteile (Quoten) anzugeben.

> **Beispiel:** Meine Ehefrau Heidi soll zu einem Halb, meine Kinder Ralf, Brigitta und Jochen sollen jeweils zu einem Sechstel Erben sein.

Sind mehrere Erben ohne Angabe der Erbteile eingesetzt, gelten sie nach § 2091 BGB grundsätzlich zu gleichen Teilen als eingesetzt.

Einsetzung eines Ersatzerben ● Geregelt werden sollte auch der Fall, daß der vorgesehene Erbe die Erbschaft nicht antreten kann (z.B. weil er vor dem Erblasser stirbt) oder die Erbschaft ausschlägt. Für diese Fälle ist es sinnvoll, einen Ersatzerben zu bestimmen. Fehlt eine derartige Bestimmung, gelten, wenn ein Abkömmling bedacht ist, im Zweifel dessen Abkömmlinge als Ersatzerben (§ 2069 BGB). Sind keine Ersatzerben benannt und gibt es auch keine Abkömmlinge, die als Ersatzerben in Frage kommen, wächst der Anteil des weggefallenen Erben grundsätzlich den übrigen Erben nach dem Verhältnis ihrer Erbanteile zu (§ 2094 BGB).

Vor- und Nacherbschaft ● Eine Erbeinsetzung kann in der Weise vorgenommen werden, daß zuerst ein Vorerbe und für einen späteren Zeitpunkt ein Nacherbe bestimmt wird.

> **Beispiel:** Meine Frau Erika soll meine Vorerbin sein. Nacherben nach ihrem Tod sind unsere Kinder Anna, Sophie und Friedrich zu gleichen Teilen.

Vorerben und Nacherben sind jeweils Erben des Erblassers, wobei der Nacherbe die Erbschaft erst zu einem späteren Zeitpunkt erhält. Die Vorerbschaft kann für die Lebenszeit des Vorerben, für einen gewissen Zeitraum (z.B. 10 Jahre) oder bis zum Eintritt einer Bedingung (Wiederheirat) bestimmt werden.

Der Vorerbe ist Inhaber und Eigentümer des Nachlasses und zu Nutzungen berechtigt. In der Verfügungsbefugnis über die Nachlaßgegenstände ist er zum Schutze des Nacherben allerdings beschränkt. Unentgeltliche Verfügungen und Verfügungen über Grundstücke und Grundstücksrechte (z.B. Hypotheken und Grundschulden) sind nur mit Einwilligung des Nacherben möglich. Der Erblasser kann allerdings bestimmen, daß der Vorerbe von Beschränkungen befreit wird oder noch weitergehenden Beschränkungen unterworfen wird (§§ 2136 ff. BGB). Eine Befreiung von dem Verbot, über Erbschaftsgegenstände unentgeltlich zu verfügen oder sie zu verschenken, kann allerdings nicht erteilt werden. Davon unberührt bleiben jedoch Schenkungen, durch die einer sittlichen Pflicht oder einer auf den Anstand zu nehmenden Rücksicht entsprochen wird (§ 2113 Abs. 2 BGB).

2.4.2 Enterbung, Pflichtteilsentziehung

Ein gesetzlicher Erbe kann von der Erbfolge ausgeschlossen werden, ohne daß ein anderer als Erbe eingesetzt wird (sog. negatives Testament).

Beispiel: Mein Sohn Albert soll nicht Erbe werden.

Der Enterbte wird dann nicht Erbe, ihm können allerdings, abhängig vom Grad seines Verwandtschaftsverhältnisses zum Erblasser, Pflichtteilsansprüche zustehen.

Die Enterbung kann auch dadurch erfolgen, daß ein anderer zum Alleinerben eingesetzt, mehrere andere Personen für den gesamten Nachlaß eingesetzt werden oder gesetzlichen Erben nur das Pflichtteilsrecht zugesprochen wird.

Beispiel: Mein Sohn Albert erhält nur den Pflichtteil.

Im Zweifel wirkt die Enterbung nicht gegenüber den Abkömmlingen des Ausgeschlossenen, diese treten vielmehr an seine Stelle.[1]

---

1 Münchner Kommentar, § 1938, Randnummer 4; Palandt-Edenhofer, § 1938, Rdn. 2

Beispiel: Der Erblasser E enterbt seinen einzigen gesetzlichen Erben, seinen Sohn Thomas, ohne einen anderen zum Erben einzusetzen. Dessen Kinder Alfred und Monika als seine Abkömmlinge sind an seiner Stelle zur Erbschaft berufen.

Die Auslegung des Testaments kann jedoch auch ergeben, daß sich die Ausschließung auch auf die Abkömmlinge erstrecken soll, insbesondere wenn der Testierende neben der Ausschließung auch festschreibt, wer den Nachlaß bekommen soll.[1]

Juristisch bedeutet der Ausdruck Enterbung den Ausschluß von der Erbfolge. Im allgemeinen Sprachgebrauch wird darunter jedoch oft auch die Entziehung des Pflichtteils verstanden. Wenn in einem Testament die Enterbung mit Umständen begründet wird, die zum Entzug des Pflichtteils berechtigen, wird der Ausdruck „Enterbung" dem allgemeinen Sprachgebrauch entsprechend juristisch als Pflichtteilsentziehung angesehen.

2.4.3 Vermächtnis

Der Testierende kann einer Person einen Gegenstand oder einen anderen Vermögenswert zuwenden, ohne ihn zum Erben einzusetzen (Vermächtnis).

Beispiel: Der Erblasser E setzt seine Ehefrau Gertrud zur Alleinerbin ein. Seiner Schwester Heidi vermacht er ein Klavier, seinem Bruder Heinrich 10.000,– DM.

Die durch das Vermächtnis Begünstigten werden mit dem Tod des Erblassers nicht Eigentümer des Gegenstandes. Eigentümer wird vielmehr der Erbe, hier die Witwe Gertrud. Schwester Heidi erhält mit dem Erbfall jedoch einen schuldrechtlichen Anspruch gegen Gertrud auf Übereignung des Klaviers. Bruder Heinrich erhält mit dem Erbfall eine Forderung gegen Gertrud in Höhe von 10.000,– DM.

Gegenüber der Erbeinsetzung hat die Vermächtnisanordnung für den Begünstigten den Vorteil, daß er nicht, wie der Erbe, für die Verbindlichkeiten des Erblassers einzustehen hat. Mit dem Vermächtnis kann der Testierende den Erben oder einen ebenfalls mit einem Vermächtnis Bedachten beschweren. Wenn im Testament keine Anordnung getroffen wurde, wer zur Erfüllung des Vermächtnisses verpflichtet ist, ist der Erbe mit dem Vermächtnis belastet und muß den Vermächtnisanspruch erfüllen.

1 Vgl. Palandt-Edenhofer, § 1938, Rdn. 2

Ähnlich wie bei der Erbeinsetzung kann für den Fall, daß der mit dem Vermächtnis Bedachte aus irgendwelchen Gründen wegfällt, die Regelung getroffen werden, daß ein anderer das Vermächtnis erhält **(Ersatzvermächtnis).**

Als **Vorausvermächtnis** wird ein Vermächtnis bezeichnet, mit dem einem der Erben neben seinem Erbteil ein zusätzlicher Vermögenswert zugewandt wird. Dieser Vermögenswert wird auf den Erbteil des mit dem Vorausvermächtnis Begünstigten nicht angerechnet. Der Begünstigte erhält den vermachten Gegenstand vorab und die verbleibende Erbmasse wird dann unter den Erben entsprechend den Erbquoten aufgeteilt.

2.4.4 Auflage

Der Testierende kann den Erben oder einen mit einem Vermächtnis Bedachten zu einer Leistung verpflichten, ohne dem Begünstigten dadurch ein Recht auf die Leistung zuzubilligen (Auflage).

> **Beispiel:** Meine alleinerbende Ehefrau ist verpflichtet, meinen Eltern, falls sie der Hilfe bedürfen, Unterhalt zu gewähren.

Die Besonderheit der Auflage besteht im Unterschied zum Vermächtnis darin, daß die durch die Auflage begünstigte Person die Erfüllung der Auflage nicht erzwingen kann.

Die Vollziehung der Auflage können nur der Erbe, der Miterbe und derjenige verlangen, dem der Wegfall des mit der Auflage zunächst Beschwerten unmittelbar zustatten kommen würde. Wenn die Erfüllung der Auflage im öffentlichen Interesse liegt, kann auch die zuständige Behörde die Vollziehung verlangen. Daneben kann auch ein vom Erblasser eingesetzter Testamentsvollstrecker die Erfüllung der Auflage fordern.

2.4.5 Teilungsanordnung, Teilungsverbot

In Testamenten und Erbverträgen können Anordnungen für die Aufteilung (Auseinandersetzung) des Nachlasses getroffen werden.

> **Beispiel:** Die Kinder Albert, Berta und Heinrich werden je zu einem Drittel als Erben eingesetzt. Außerdem ist bestimmt, daß vom Nachlaß Albert die Ferienwohnung in Spanien, Berta die Kunstsammlung und Heinrich die Briefmarkensammlung erhalten sollen.

Diese Teilungsanordnungen sind Bestimmungen des Erblassers über die Aufteilung der Erbschaft und der einzelnen Erbschaftsgegenstände, wobei dem dadurch Begünstigten kein höheres Erbschaftsvermögen zugewandt werden soll. Der Wert der zugewiesenen Erbschaftsgegenstände ist bei der Aufteilung des Nachlasses unter den Erben vielmehr auf den Erbteil anzurechnen. In der Regel ist es sinnvoll, bei Teilungsanordnungen Bestimmungen über die Anrechnung des Wertes des zugeteilten Gegenstandes zu treffen.

Beispiel: Der Anrechnungswert der Ferienwohnung, der Kunstsammlung und der Briefmarkensammlung wird durch Sachverständigengutachten ermittelt.

Möglich ist auch, die Auseinandersetzung hinsichtlich des ganzen Nachlasses oder einzelner Gegenstände zu verbieten **(Teilungsverbot).**

Beispiel: Das von mir aufgebaute Handelsunternehmen darf nicht unter den Erben aufgeteilt werden. Die Erbengemeinschaft hat das Unternehmen unter Leitung meines Sohnes Albert zumindest bis zum Tod meiner Ehefrau fortzuführen.

Das Teilungsverbot kann aber von allen Miterben einverständlich umgangen werden, es sei denn, der Erblasser hat zugleich Nichterben durch Vermächtnis oder Auflage begünstigt[1] und wird bei Vorliegen eines wichtigen Grundes wirkungslos.[2]

2.4.6 Testamentsvollstrecker

Zur Vollziehung des letzten Willens, insbesondere bei Auflagen, Vermächtnissen und Anordnungen, oder um die sachgerechte Verwaltung und Auseinandersetzung des Nachlasses zu gewährleisten, kann in Testamenten und Erbverträgen ein Testamentsvollstrecker zur Durchführung dieser Aufgaben benannt werden. Durch die Einsetzung eines Testamentsvollstreckers wird den Erben die Verfügung über den Nachlaß entzogen und auf den Testamentsvollstrecker übertragen (§§ 2205, 2211 BGB). Der Testamentsvollstrecker ist zur ordnungsgemäßen Verwaltung des Nachlasses verpflichtet und in diesem Rahmen berechtigt, Verbindlichkeiten für den Nachlaß einzugehen (§§ 2206, 2216 BGB).

1 Münchner Kommentar, § 2044, Rdn. 7
2 Münchner Kommentar, § 2044, Rdn. 17

Die Aufgaben des Testamentsvollstreckers ergeben sich aus den Anordnungen des Testierenden. Ohne ausdrückliche Bestimmung seiner Aufgaben ist der Testamentsvollstrecker zur Ausführung des letzten Willens des Testierenden verpflichtet; er muß die Nachlaßverbindlichkeiten aus der Erbschaftsmasse ausgleichen und den Nachlaß unter mehreren Erben auseinandersetzen.

2.4.7 Verwirkungsklausel

Gelegentlich kann es sinnvoll sein, eine Zuwendung mit einer **auflösenden Bedingung** zu versehen, um vom Erblasser nicht erwünschte Entwicklungen zu verhindern oder zu sanktionieren.

Bei beiderseitiger Ehegattenerbeinsetzung mit Zuwendungen an die Kinder nach dem Tod des Letztversterbenden bietet sich folgende Verwirkungsklausel an, um den überlebenden Ehegatten vor Pflichtteilsansprüchen zu bewahren:

> *Sollte eines unserer Kinder nach dem ersten Sterbefall seinen Pflichtteil beanspruchen, erhält es nach dem zweiten Sterbefall ebenfalls nur den Pflichtteil.*

Möglich sind auch Klauseln, die Zuwendungen an Ehegatten bei dessen Wiederverheiratung ganz oder teilweise aufheben (Wiederverheiratungsklausel).

2.5 Das Erbrecht in den neuen Bundesländern

Die Geltung des Erbrechts in den neuen Bundesländern ist in Art. 235 §§ 1 und 2 des Einführungsgesetzes zum Bürgerlichen Gesetzbuch (EGBGB) geregelt, eingefügt durch das Einigungsvertragsgesetz.

Nach diesen Bestimmungen gilt dort grundsätzlich das in diesem Band erläuterte Erbrecht der Bundesrepublik Deutschland nach den Bestimmungen des BGB. Auch in den neuen Bundesländern ist deshalb seit dem 3. Oktober 1990 das im BGB geregelte Erbrecht anzuwenden. Abweichend hiervon ist nach § 1 Abs. 2 und § 2 des Art. 235 EGBGB das bisherige Recht anzuwenden, wenn der Erblasser vor dem Wirksamwerden des Beitritts der DDR zur BRD gestorben ist. Außerdem wird die Errichtung oder Aufhebung einer Verfügung von Todes wegen vor dem Wirksamwerden des Beitritts nach dem bisherigen Recht beurteilt, auch wenn der Erblasser danach stirbt. Dies gilt auch für die Bindung des Erblassers bei einem gemeinschaftlichen Testament, sofern das Testament vor dem Wirksamwerden des Beitritts errichtet wurde. Die Anwendung des früheren DDR-Rechts[1] bei der Errichtung oder Aufhebung einer Verfügung von Todes wegen bezieht sich allerdings nur auf die Einhaltung der Formvorschriften und die Fähigkeit zur Errichtung und Aufhebung von letztwilligen Verfügungen sowie auf die Bindung bei einem gemeinsamen Testament. Der Inhalt, die Auswirkungen und die Auslegung eines vor dem 3.10.1990 errichteten Testaments beurteilt sich nach den Bestimmungen des BGB.[2]

Eine besondere Regelung gilt nach Art. 235 § 1 Abs. 2 EGBGB für das Erbrecht der nichtehelichen Kinder. Sie waren nach dem gesetzlichen Erbrecht der früheren DDR den ehelichen Abkömmlingen gleichgestellt. Diese Rechtstellung ging den nichtehelichen Kindern, die vor dem 3.10.1990 geboren wurden, nicht verloren. Für sie gilt zwar das Erbrecht nach dem BGB, anstelle der besonderen Regelungen für nichteheliche Kinder in §§ 1934a bis 1934e und § 2338a BGB gelten jedoch die für eheliche Kinder geltenden Erbrechtsvorschriften.

Im Ergebnis ergibt sich für die Errichtung und Gestaltung von Testamenten und Erbverträgen für den Zeitraum ab dem 3.10.1990, daß das in diesem Band erläuterte Recht des Bürgerlichen Gesetzbuches auch für die früheren Staatsbürger der DDR maßgeblich ist. Früher getroffene letztwillige Verfügungen werden nunmehr nach den Rechtsvorschriften des BGB beurteilt. Sie können durch ein neues Testament aufgehoben oder abgeändert werden. Zu berücksichtigen ist, daß die vor dem 3.10.1990 geborenen nichtehelichen DDR-Kinder den ehelichen Kindern gleichgestellt sind und die Bindung von bereits vor dem 3.10.1990 errichteten gemeinschaftlichen DDR-Ehegattentestamenten nach dem Zivilgesetzbuch der früheren DDR zu beurteilen ist. Wichtig ist dabei, daß bei gemeinschaftlichen Testamenten nicht zwischen wechselbezüglichen und einseitigen Verfügungen unterschieden wird (ZGB 390 I) und die Bindungswirkung dadurch für die gesamte Testamentsregelung entstand. Außerdem wird ein gemeinschaftliches Testament nach dem insoweit fortgeltenden DDR-Recht bei Scheidung oder Nichtigerklärung der Ehe unwirksam.

1 Zum Erbrecht in der früheren DDR s. ausführlich mit Abdruck der maßgeblichen Gesetzesvorschriften Herrmann, Erbrecht und Nachlaßverfahren in der DDR, Rudolf Haufe Verlag 1990

2 Vgl. Palandt-Diederichsen, BGB, EGBGB Art. 235 § 2 Rdn. 1ff.

3 Steuerliche Hinweise

Der **Erbschaft- und Schenkungsteuer** unterliegen Vermögenswerte, die durch Schenkung übertragen oder beim Tod einer Person übergehen.[1] Dabei werden alle von derselben Person anfallenden Vermögensteile innerhalb der letzten zehn Jahre zusammengerechnet (§ 14 des Erbschaft- und Schenkungsteuergesetzes), frühere Schenkungen bleiben unberücksichtigt.

Die Höhe der Erbschaftsteuer hängt ab von der Steuerklasse und dem zu berücksichtigenden Freibetrag des Erwerbes sowie dem Wert der Erbschaft bzw. der Schenkung. Dabei ist zu berücksichtigen, daß Grundbesitz nicht mit dem Verkehrswert, sondern mit dem weitaus geringeren, auf den Wertverhältnissen von 1964 beruhenden Einheitswert, um 40 % erhöht, angesetzt wird. Renten und wiederkehrende Nutzungen, beispielsweise Nießbrauchsrechte, werden mit ihrem Kapitalwert bewertet. Der Kapitalwert einer lebenslänglichen Nutzung oder Leistung errechnet sich aus ihrem Jahreswert und einem Multiplikator, der vom Lebensalter und, wegen der unterschiedlichen Lebenserwartung, vom Geschlecht abhängt.

Möglichkeiten zur Verminderung der Erbschaftsteuer ergeben sich vor allem bei Vererbung von Grundbesitz und Nießbrauchrechten und bei vorweggenommener Erbfolge durch Rechtsgeschäfte unter Lebenden durch mehrfache Ausnutzung der Freibeträge. Außerdem kommt bei einer sog. mittelbaren Grundstückschenkung, wenn der Beschenkte den Geldbetrag mit der Auflage erhält, ein bestimmtes Grundstück zu erwerben, nicht der Geldwert, sondern nur der um 40 % erhöhte Einheitswert des Grundstücks zur Anrechnung.

Die Höhe der anfallenden Erbschaft- und Schenkungsteuer kann anhand der **Tabellen** auf den folgenden Seiten abgeschätzt werden.

---

1 Ausführliche Hinweise zur Erbschaft- und Schenkungsteuer finden sich bei Linde/Clausnitzer/Kohlhepp, Vorteilhafte Testamentsgestaltung; Brönner/Rux, Steuervorteile durch zweckmäßige Erb- und Unternehmensnachfolge; Esch/Schulze zur Wiesche, Handbuch der Vermögensnachfolge.

Steuerklassen und Freibeträge

Steuerklasse	Personenkreis	Freibeträge
I	Ehegatte	250.000,– DM Zusätzlich 250.000,– DM als Versorgungsfreibetrag bei Erwerb von Todes wegen. Dieser Versorgungsfreibetrag wird allerdings gekürzt, wenn dem Ehegatten aus Anlaß des Todes des Erblassers nicht der Erbschaftssteuer unterliegende Versorgungsbezüge zustehen, um den Kapitalwert der Versorgungsbezüge.
	Kinder; Stiefkinder; Kinder verstorbener Kinder und Stiefkinder (Enkel u. Stiefenkel),	90.000 DM Für Kinder und Stiefkinder zusätzlich ein Versorgungsfreibetrag bei Erwerb von Todes wegen von - 50.000,– DM bei einem Alter bis zu 5 Jahren - 40.000,– DM beim Alter von 5–10 Jahren - 30.000,– DM beim Alter von 10–15 Jahren - 20.000,– DM beim Alter von 15–20 Jahren - 10.000,– DM beim Alter von 20–27 Jahren Übersteigt der steuerpflichtige Erwerb unter Berücksichtigung früherer Zuwendungen 150.000,– DM, so vermindern sich die genannten Freibeträge um den 150.000,– DM übersteigenden Betrag. Stehen dem Kind aus Anlaß des Todes des Erblassers nicht der Erbschaftssteuer unterliegende Versorgungsbezüge zu, so wird der Freibetrag um den Kapitalwert dieser Versorgungsbezüge gekürzt.

(Fortsetzung)

Steuerklasse	Personenkreis	Freibeträge
II	Abkömmlinge der Kinder und Stiefkinder außer den Kindern verstorbener Kinder und Stiefkinder, die in Steuerklasse I gehören; Eltern und Voreltern bei Erwerben von Todes wegen.	50.000,– DM
III	Eltern und Voreltern, soweit sie nicht zur Steuerklasse II gehören; Geschwister; Abkömmlinge ersten Grades v. Geschwistern; Stiefeltern; Schwiegereltern; Schwiegerkinder; geschiedene Ehegatten.	10.000,– DM
IV	Alle übrigen Erwerber und die Zweckzuwendungen.	3.000,– DM

Steuerfrei bleiben

Hausrat einschließlich Wäsche und Kleidungsstücke sowie Kunstgegenstände und Sammlungen beim Erwerb durch Personen

der Steuerklasse I oder II,
soweit der Wert insgesamt 40.000 Deutsche Mark nicht übersteigt,

der übrigen Steuerklassen,
soweit der Wert insgesamt 10.000 Deutsche Mark nicht übersteigt.

Andere bewegliche körperliche Gegenstände grundsätzlich beim Erwerb durch Personen

der Steuerklasse I oder II,
soweit der Wert insgesamt 5.000 Deutsche Mark nicht übersteigt,

der übrigen Steuerklassen,
soweit der Wert insgesamt 2.000 Deutsche Mark nicht übersteigt.

Zu versteuern ist jeweils nur der übersteigende Wert.

Die Befreiung gilt nicht für Gegenstände, die zum land- und forstwirtschaftlichen Vermögen, zum Grundvermögen oder zum Betriebsvermögen gehören, für Zahlungsmittel, Wertpapiere, Münzen, Edelmetalle, Edelsteine und Perlen.

Steuerbefreiungen gibt es teilweise auch für Grundbesitz, Kunstgegenstände, Kunstsammlungen, wissenschaftliche Sammlungen, Bibliotheken und Archive, wenn die Erhaltung dieser Gegenstände im öffentlichen Interesse liegt und sie der Forschung oder Volksbildung nutzbar gemacht sind oder werden (§ 13 Abs. 1 Ziff.2 des Erbschaftsteuergesetzes). Weitere, weniger bedeutsame Steuerbefreiungen finden sich in § 13 Abs. 1 Ziff. 3–18 des Erbschaftsteuergesetzes.

Steuersätze

Wert des steuerpflichtigen Erwerbs bis einschließlich Deutsche Mark	Vomhundertsatz in der Steuerklasse			
	I	II	III	IV
50 000	3	6	11	20
75 000	3,5	7	12,5	22
100 000	4	8	14	24
125 000	4,5	9	15,5	26
150 000	5	10	17	28
200 000	5,5	11	18,5	30
250 000	6	12	20	32
300 000	6,5	13	21,5	34
400 000	7	14	23	36
500 000	7,5	15	24,5	38
600 000	8	16	26	40
700 000	8,5	17	27,5	42
800 000	9	18	29	44
900 000	9,5	19	30,5	46
1 000 000	10	20	32	48
2 000 000	11	22	34	50
3 000 000	12	24	36	52
4 000 000	13	26	38	54
6 000 000	14	28	40	56
8 000 000	16	30	43	58
10 000 000	18	33	46	60
25 000 000	21	36	50	62
50 000 000	25	40	55	64
100 000 000	30	45	60	67
über 100 000 000	35	50	65	70

Außer Erbschaft- und Schenkungsteuer kann bei Erbfällen nach der neuen Rechtsprechung des Bundesfinanzhofs in den Beschlüssen des Großen Senats vom 5.7.1990 (Bundessteuerblatt 1990 Teil II, S. 837 ff., 847 ff.) auch **Einkommensteuer** anfallen.

Der Bundesfinanzhof sieht den Erbfall und die Erbauseinandersetzung nicht mehr als Einheit, sondern als selbständige Rechtsgeschäfte an. Dies hat zur Folge, daß bei der Auseinandersetzung einer Erbengemeinschaft mit Betriebsvermögen Ausgleichszahlungen eines Miterben, der das Betriebsvermögen übernimmt, einkommensteuerrechtlich als Einkünfte angesehen werden und der Einkommensteuer unterliegen. Die Übertragung des Erbanteils an einer gewerblich tätigen Erbengemeinschaft wird als Veräußerung eines Mitunternehmeranteils im Sinne von

§ 16 Abs. 1 Nr. 2 EStG angesehen, und zwar auch dann, wenn der Erwerber Miterbe ist. Dabei entsteht bei den ausgleichsberechtigten Miterben, die die Ausgleichszahlung erhalten, ein Veräußerungsgewinn, der der Einkommensteuer unterliegt. Dem Fiskus fließt dadurch außer der Erbschaftssteuer auch Einkommensteuer zu.

Einkommensteuerpflichtige Erbauseinandersetzungen können verhindert werden, wenn der zum Unternehmensnachfolger bestimmte Erbe aus dem Nachlaß nicht mehr an Betriebsvermögen erhält, als dem Wert seiner Erbquote entspricht. Dabei ist zu berücksichtigen, daß Vermächtniszahlungen nicht der Einkommensteuerpflicht unterliegen, da Vermächtnisse und Vorausvermächtnisse den Wert des Nachlasses von vornherein belasten. Als Standardfassung für das die Einkommensteuerpflicht vermeidende Unternehmertestament wurde von Felix[1] das von ihm als **Frankfurter Testament** bezeichnete **Unternehmertestament** entwickelt:

Einkommensteuerneutrales Unternehmertestament

Mein Sohn und meine Tochter sind Miterben im Verhältnis der Werte der ihnen durch die Teilungsanordnung zugewiesenen Vermögensteile. Mein Sohn erhält mein Einzelunternehmen und meine Tochter mein Privatvermögen.

Mein Testamentsvollstrecker, Steuerberater A., bewertet nach freiem Ermessen nach den Grundsätzen ordnungsgemäßer Unternehmens- und Grundstücksbewertung das Betriebsvermögen und das Privatvermögen.

Meine Tochter erhält ein nicht anrechnungspflichtiges Vorausvermächtnis in Höhe der Hälfte der Bewertungsdifferenz in bar, welches zwei Jahre nach meinem Tod fällig ist und den Erbteil meines Sohnes belastet.

Der „steuerdichte Witz“ dieser Testamentsgestaltung liegt in der Erkenntnis, daß der auseinandersetzungsbezügliche Ausgleich einkommensteuerrelevant ist, nicht aber der vermächtnisbezügliche.[2]

1 Felix, KÖSDI, 11/90, S. 8265
2 So Felix, a.a.O.

Vereinfachend kann gesagt werden: Bei der Vererbung von Betriebsvermögen ist durch die Testamentsgestaltung darauf zu achten, daß keine einkommensteuerpflichtigen Ausgleichszahlungen bei der Auseinandersetzung der Erbengemeinschaft erforderlich werden. Verhindert werden können Ausgleichszahlungen insbesondere durch Einsetzung des Unternehmensnachfolgers als Alleinerben und Belastung des Nachlasses durch Vermächtnisse zugunsten derjenigen, denen durch die Erbfolge Vermögenswerte zukommen sollen.

Verhindert werden können Ausgleichszahlungen auch durch Übertragung des Betriebsvermögens durch Vermächtnisse. Außerdem können einkommensteuerpflichtige Ausgleichszahlungen bei der Erbauseinandersetzung auch durch Realteilung verhindert werden, wenn der Ausgleich real durch Privatvermögenswerte erfolgen kann. Verbindlichkeiten können dabei einkommensteuerneutral zum Ausgleich verwendet werden.

Interessant ist die Bundesfinanzhofsrechtsprechung für die Erbauseinandersetzung von **Privatvermögen.** Der Miterbe, der gegen Ausgleichszahlung oder Abfindung auf einen Teil des ihm zustehenden Grundbesitzes verzichtet, erzielt zwar Veräußerungsgewinne. Diese Gewinne unterliegen bei Veräußerung von Privatvermögen jedoch nur ausnahmsweise, wenn es sich um sog. Spekulationsgewinne handelt (oder bei wesentlichen Beteiligungen) der Einkommensteuer. Der übernehmende Erbe kann seine Ausgleichszahlung für den Erwerb von Grundbesitz dennoch als Anschaffungskosten steuermindernd geltend machen, wobei durch die Anschaffungskosten Abschreibungsvorteile entstehen.

4 Anleitung zur Errichtung von Testamenten und Erbverträgen mit Checkliste

Vor Errichtung einer letztwilligen Verfügung sollte Klarheit über die damit verfolgten **Ziele** bestehen. Dabei stehen in der Regel folgende Zielvorstellungen im Vordergrund:

- Sicherung des Ehegatten durch Erbeinsetzung oder sonstige Verfügungen;
- Übertragung des Vermögens oder einzelner Vermögensgegenstände auf Kinder oder sonstige Verwandte;
- Zuwendung von Gegenständen oder Vermögensteilen an nahestehende Personen oder Vereinigungen;
- Ausschließung von Erb- oder Pflichtteilsansprüchen einzelner Verwandter;
- Festlegung der zukünftigen Entwicklung des eigenen Unternehmens.

Nach Klärung der Ziele sollte der voraussichtliche Nachlaß vergegenwärtigt werden. Bei wenig übersichtlichen Eigentums- oder Vermögensverhältnissen kann es sinnvoll sein, ein ungefähres **Bestandsverzeichnis** zu erstellen. Danach ist zu überlegen, wer welche Vermögenswerte, Rechte oder Erbschaftsgegenstände erhalten soll, um die mit der Testamentserrichtung verfolgten Ziele zu erreichen. Dabei sollten auch die Bedürfnisse, Fähigkeiten, Kenntnisse und Neigungen des zu Bedenkenden beachtet werden. Bei größeren Vermögenswerten sind auch steuerliche Gesichtspunkte zu beachten. In einem weiteren Schritt ist die gewünschte Nachlaßverteilung mit der gesetzlichen Erbfolge zu vergleichen. Falls Übereinstimmung besteht, was allerdings selten der Fall sein dürfte, erübrigt sich die Testamentserrichtung. In allen übrigen Fällen sollte ein Testament errichtet oder ein Erbvertrag abgeschlossen werden.

Dabei ist darauf zu achten, daß ungenaue oder mehrdeutige Formulierungen vermieden werden und die Regelungen vollständig sind. Ansonsten besteht die Gefahr, daß der Wille des Testierenden später mißverstanden wird oder mehrdeutige Formulierungen Ursache für Erbstreitigkeiten mit möglichen gerichtlichen Auseinandersetzungen werden.

Der nachfolgenden **Checkliste** können Sie die wichtigsten Regelungspunkte, die jedoch keinesfalls immer alle berücksichtigt werden müssen, entnehmen. Die anschließende ausführliche Mustersammlung dient als Vorlage für Ihre letztwillige Verfügung.

Nach Testamentserrichtung ist zu beachten, daß sich die maßgeblichen Umstände im Laufe der Jahre erheblich verändern können. Von Zeit zu Zeit ist deshalb eine Überprüfung und ggf. Anpassung an die veränderten Umstände erforderlich.

Checkliste: Inhalt von Testamenten

Bei der Errichtung von Testamenten sollte immer geprüft werden, ob folgende Punkte richtig und sinnvoll geregelt worden sind:

Regelungspunkte	Erläuterung	Regelung erforderlich	Regelung nicht erforderlich
Widerruf oder Abänderung eines früheren Testaments	S. 37, 39, 49f., 57f.	☐	☐
Erbeinsetzung	S. 22	☐	☐
Ersatzerbeinsetzung	S. 22	☐	☐
Quotenregelung	S. 22	☐	☐
Enterbung	S. 23	☐	☐
Berücksichtigung der Pflichtteilsansprüche	S. 20 f.	☐	☐
Pflichtteilsentziehung	S. 23	☐	☐
Vermächtnis	S. 24 f.	☐	☐
Auflage	S. 25	☐	☐
Teilungsanordnung, Teilungsverbot	S. 25 f.	☐	☐
Testamentsvollstreckung	S. 26	☐	☐
Verwirkungsklausel	S. 27	☐	☐
Wiederverheiratungsklausel	S. 27	☐	☐

5 Muster

5.1 Einzeltestamente

5.1.1 Einführung

Testierfähigkeit ● Ein Testament kann vom Testierenden nur persönlich errichtet werden (§ 2064 BGB), eine Vertretung ist ausgeschlossen. Die Testierfähigkeit beginnt mit Vollendung des **16. Lebensjahres,** Minderjährige können ein Testament jedoch lediglich vor dem Notar durch mündliche Erklärung oder durch Übergabe einer offenen Schrift errichten.

Testierunfähig sind Personen, die entmündigt sind oder deren Entmündigung beantragt ist, wenn dem Entmündigungsantrag später entsprochen wird (§ 2229 Abs. 3 BGB). Testierunfähig sind nach § 2229 Abs. 4 BGB außerdem Personen, die wegen krankhafter Störung der Geistestätigkeit, Geistesschwäche oder Bewußtseinsstörungen nicht in der Lage sind, die Bedeutung der von ihnen abgegebenen Willenserklärungen einzusehen und nach dieser Einsicht zu handeln.

Formvorschriften ● Testamente können als sog. **öffentliche Testamente** vor einem **Notar** errichtet werden. Der Testierende hat dabei die Wahl, ob er seinen letzten Willen mündlich erklären oder dem Notar ein offenes oder verschlossenes Schriftstück mit der Erklärung übergibt, daß die Schrift seinen letzten Willen enthält (§ 2232 BGB). Die Schrift braucht vom Testierenden nicht selbst geschrieben und unterschrieben zu sein. Sie kann mit Schreibmaschine oder von einem Dritten geschrieben sein. Eine verschlossen übergebene Schrift darf der Notar ohne Erlaubnis des Testierenden nicht öffnen.[1] Wird die Schrift offen übergeben, nimmt der Notar von ihr Kenntnis und teilt dem Testierenden etwaige rechtliche Bedenken gegen den Inhalt mit. Bei der mündlichen Erklärung des letzten Willens berät der Notar den Testierenden ebenfalls, faßt die Erklärungen zusammen und bringt sie zu Protokoll. Die Niederschrift wird dem Testierenden vorgelesen und muß von ihm genehmigt werden. Nach der Errichtung wird das öffentliche Testament versiegelt und in öffentliche Verwahrung gegeben.

Die gebräuchlichste Form ist das **privatschriftliche oder eigenhändige Testament.** Dabei muß der gesamte Wortlaut vom Testierenden vollständig eigenhändig geschrieben und eigenhändig unterschrieben sein (§ 2247 Abs. 1 BGB). Die Unterschrift soll den Vor- und Familiennamen enthalten. Außerdem sollen Ort und Datum der Testamentserrichtung angegeben werden.

---

1 So Linde/Clausnitzer/Kohlhepp, Vorteilhafte Testamentsgestaltung, S. 66

Beispiel:

Mein letzter Wille *Meine Alleinerbin soll meine Ehefrau Monika werden.* *Freiburg, den 23. 8. 1991* *Karl Meier*

Enthält das Testament keine Angaben über die Zeit oder den Ort der Errichtung und ist deshalb zweifelhaft, ob es gültig ist oder beispielsweise durch ein späteres aufgehoben wurde, gilt es nach § 2247 Abs. 5 BGB als ungültig, wenn sich die notwendigen Feststellungen über die Zeit oder den Ort der Errichtung nicht treffen lassen.

Ein eigenhändiges Testament wird auf Wunsch des Testierenden in besondere **amtliche Verwahrung** genommen (§ 2248 BGB). Zuständig hierfür ist jedes Amtsgericht, in Baden-Württemberg anstelle der Gerichte die Notariate. Dem Testierenden wird über das in Verwahrung genommene Testament ein Hinterlegungsschein erteilt.

Nottestament
Wenn die Gefahr besteht, daß die Errichtung eines Testaments vor einem Notar nicht mehr möglich ist, kann ein Testament unter bestimmten Voraussetzungen durch Niederschrift des Bürgermeisters in Gegenwart von zwei Zeugen errichtet werden oder durch mündliche Erklärung vor drei Zeugen. Die einzelnen Voraussetzungen sind in §§ 2249 – 2252 BGB geregelt.

Abänderbarkeit von Einzeltestamenten ● Einzeltestamente, d.h. Testamente, die von einer Person errichtet wurden, können vom Testierenden jederzeit widerrufen, abgeändert oder aufgehoben werden (§ 2253 BGB). Eine Bindung an die getroffenen testamentarischen Verfügungen besteht bei Einzeltestamenten im Gegensatz zu gemeinschaftlichen Testamenten und Erbverträgen nicht. Der Testamentswiderruf kann durch ein neues Testament oder durch die Vernichtung des alten erfolgen. Durch ein neues Testament wird ein früheres insoweit aufgehoben, als es dem neuen widerspricht.

Checkliste: Formerfordernisse für eigenhändige Einzeltestamente

Dies muß bei der Errichtung eines privatschriftlichen Einzeltestaments beachtet werden:

Testierfähig?	☐
Gesamter Wortlaut vollständig eigenhändig geschrieben?	☐
Eigenhändig unterschrieben?	☐
Unterschrift mit Vor- und Familienname versehen?	☐
Datum der Testamentserrichtung angegeben?	☐
Ort der Testamentserrichtung angegeben?	☐

5.1.2 Muster für ledige und verwitwete Erblasser ohne Kinder

Gesetzliche Erben lediger und verwitweter Erblasser ohne Kinder sind deren Eltern. Leben zur Zeit des Erbfalls der Vater oder die Mutter nicht mehr, treten an die Stelle des Verstorbenen dessen Abkömmlinge, d.h. die Geschwister des Erblassers bzw. deren Kinder oder Kindeskinder.[1] Die Eltern sind jeweils in Höhe eines Viertels des Wertes der Erbschaft auch pflichtteilsberechtigt. Die Geschwister des Erblassers und deren Nachfahren haben keinen Pflichtteilsanspruch.

---

1 Zu den gesetzlichen Erben der zweiten und der weiteren Ordnungen siehe S. 13ff.

Einsetzung eines Alleinerben, Ersatzerbschaft, Vermächtnisse

Testament

Ich, Konrad Kern, setze meine Schwester Bettina Hendrich zu meiner Alleinerbin ein. Meine Schwester Gisela erhält von ihr das Meißner-Porzellan meiner Großeltern, mein Bruder Eugen erhält von ihr die goldene Uhr meines Großvaters. Meine Eltern erhalten, wenn sie bei meinem Tod noch leben, jeweils einen Anspruch gegen Bettina auf Zahlung eines Viertels des Wertes der Erbschaft, fällig ein Jahr nach meinem Tod.[1] Sollte Bettina als Erbin ausfallen, sind meine Eltern ihre Ersatzerben. Deren Ersatzerben sind deren jeweilige gesetzliche Erben.[2]

Freiburg, den 15.3.1994 *Konrad Kern*

Anmerkungen

1) Diese Regelung entspricht dem Pflichtteilsanspruch. Die Fälligkeitsregelung ermöglicht der Erbin, den Nachlaß in Ruhe zu ordnen und zu bewerten.
2) Gesetzliche Erben der Eltern sind die Geschwister des Erblassers und deren Abkömmlinge.

Einsetzung mehrerer Erben, Vermächtnisse

Testament

Nach dem Tod meiner Eltern und meines Gatten setze ich, Gerda Meier, meine Schwestern Paulina und Barbara zu meinen Erbinnen jeweils zur Hälfte ein. Deren gesetzliche Erben sind ihre Ersatzerben. Mein Schwager Peter erhält einen Anspruch auf Übereignung der Gemäldesammlung meines verstorbenen Gatten. Mein Patenkind Siegfried erhält einen Anspruch auf Übereignung meines Klaviers. Außerdem sind meine Erben verpflichtet, ein Viertel des Wertes meines Nachlasses binnen eines Jahres nach meinem Tod an die Kinder der Geschwister meines verstorbenen Gatten, jeweils zu gleichen Teilen, zu zahlen.

Furtwangen, den 10. Oktober 1991 *Gerda Meier*

Einsetzung von Vor- und Nacherben, Vermächtnisse

Testament

Ich, Peter Hendrich, berufe zu meinem Vorerben[1] meinen Bruder Siegfried Hendrich. Er ist von allen gesetzlichen Beschränkungen befreit, von denen Befreiung erteilt werden kann.[2] Nacherben nach seinem Tod und gleichzeitig Ersatzerben sind alle meine Neffen und Nichten zu gleichen Teilen.

Meine Schwester Eva erhält einen Anspruch auf Zahlung von 25.000,– DM gegen den Vor- oder die Ersatzerben, zahlbar binnen sechs Monaten nach meinem Tod. Dieses Vermächtnis steht nur ihr persönlich zu.

München, den 3. Februar 1993 *Peter Hendrich*

Anmerkungen

1) Zur Vor- und Nacherbschaft siehe S. 22 f. Erbschaftsteuerlich werden der Übergang des Nachlasses vom Erblasser auf den Vorerben und der Übergang vom Vorerben auf den Nacherben als getrennte Erbfälle behandelt, die jeweils steuerpflichtig sind.

2) Trotz dieser Befreiung kann der Vorerbe über Erbschaftsgegenstände nicht unentgeltlich verfügen, es sei denn, es handele sich um Schenkungen, durch die einer sittlichen Pflicht oder einer auf den Anstand zu nehmenden Rücksicht entsprochen wird.

5.1.3 Muster für ledige und verwitwete Erblasser mit Kindern

Gesetzliche Erben lediger und verwitweter Erblasser mit Kindern sind die Kinder zu gleichen Teilen, ersatzweise deren Abkömmlinge. Die Eltern sind nicht zur Erbschaft berufen. Sie sind auch nicht pflichtteilsberechtigt. Den Kindern steht jeweils der Pflichtteil in Höhe der Hälfte des Wertes des gesetzlichen Erbteils zu.

Kinder als Erben, Vermächtnis

Testament

Meine Söhne Bruno und Manfred werden nach meinem Tod meine Erben jeweils zur Hälfte.

Dorothea Wolleren, die Tochter meiner verstorbenen Frau, erhält als Vermächtnis die Eigentumswohnung in Dortmund.

Essen, den 2. Dezember 1993 *Leonhard Porten*

Einsetzung eines Alleinerben, Rentenvermächtnis

Testament

Mein Sohn Gerhard wird nach meinem Tod mein Alleinerbe. Meiner Tochter Henriette vermache ich eine lebenslängliche Rente in Höhe der Hälfte des Mietertrages des Miethauses in Aalstadt.[1] *Vom Mietertrag dürfen Verwaltungskosten, Steuern des Hauses und Reparatur- oder Erhaltungskosten, auch notwendige, nicht abgezogen werden. Gerhard darf das Miethaus an Dritte nur mit Zustimmung von Henriette und nur gegen Zahlung einer angemessenen Abfindung verkaufen.*

Hamburg, den 14. November 1993 *Walter Hendrich*

Anmerkung

1) Eine derartige Regelung bietet sich an, wenn Henriette geschäftsunerfahren ist und nicht mit Verwaltungsaufgaben belastet werden soll. Henriette könnte allerdings Pflichtteilsergänzungsansprüche geltend machen, wenn der Wert des Rentenvermächtnisses geringer ist als ein Viertel der Erbschaft.

Freundin als Vorerbin, Kinder als Nacherben

Testament

Ich, Gerhard Boom, setze mein Freundin Andrea Hagen zu meiner alleinigen Vorerbin ein.[1] *Nacherben nach ihrem Tod sind meine Kinder Maria, Irene und Dieter, jeweils zu einem Drittel.*

Für den Fall, daß eines meiner Kinder nach meinem Tod von Andrea den Pflichtteil fordert, ist es nicht zur Nacherbschaft berufen. Sein Erbanteil wächst dann zu gleichen Teilen den anderen Kindern zu.[2]

Dortmund, den 28. Februar 1994 *Gerhard Boom*

Anmerkungen

1) Zu den Beschränkungen des nicht befreiten Vorerben siehe Seite 23.
2) Diese Verwirkungsklausel soll Andrea vor Pflichtteilsansprüchen schützen.

Kinder als Erben, Teilungsanordnung

Testament

Meine Kinder Christine und Norbert setze ich zu meinen Erben jeweils zu einem Halb ein. Die Erbschaft ist wie folgt aufzuteilen:

Christine erhält das Einfamilienhaus in Bedorf, Norbert erhält das Mietshaus in Aalstadt, ansonsten können sie den Nachlaß beliebig verteilen. Der Anrechnungswert der Häuser wird, wenn meine Kinder sich nicht einigen können, durch Sachverständigengutachten ermittelt.

Düsseldorf, den 22. April 1993 *Heinrich Reeg*

5.1.4 Muster für verheiratete Erblasser ohne Kinder

Gesetzliche Erben verheirateter Erblasser ohne Kinder sind der Ehegatte und die Eltern oder Geschwister und deren Nachkommen, sowie die Großeltern. Die Erbquote des Ehegatten hängt vom gesetzlichen Güterstand ab, in der Regel ist er Erbe zu drei Viertel.[1] Pflichtteilsberechtigt sind der Ehegatte und die Eltern in Höhe der Hälfte des Wertes ihres gesetzlichen Erbteils. Die Geschwister des Erblassers haben keine Pflichtteilsansprüche.

1 Ausführlich zum Ehegatten- und Verwandtenerbrecht siehe S. 13ff, 16ff.

Einsetzung des Ehegatten zum Alleinerben, Ersatzerbe

Testament

Mein Ehegatte Friedrich ist nach meinem Tod mein Alleinerbe.[1] *Ersatzerben sind meine Geschwister Ferdinand und Liselotte zu gleichen Teilen, deren Ersatzerben sind deren jeweilige gesetzliche Erben.*[2]

Gelsenkirchen, den 15. April 1991 *Heike Petermann*

Anmerkungen

1) Die pflichtteilsberechtigten Eltern sind mit dieser Regelung enterbt und könne im Erlebensfall den Pflichtteil verlangen.
2) Da die Geschwister des Testierenden etwa in dessen Alter sind, ist die Bestimmung deren Ersatzerben sinnvoll.

Ehegatte als Vorerbe, Geschwister als Nacherben, Wiederverheiratungsklausel

Testament

Mein Ehegatte Friedrich ist mein alleiniger Vorerbe.[1] Er ist von allen gesetzlichen Beschränkungen befreit, von denen Befreiung erteilt werden kann.[2] Nach seinem Tod oder für den Fall seiner Wiederverheiratung sind meine Geschwister Berta, Martha und Dieter jeweils zu einem Drittel seine Nacherben. Ersatzerben der Nacherben sind deren Abkömmlinge zu gleichen Teilen.[3]

Stuttgart, den 16. Mai 1993 *Friedricke Rethnüg*

Anmerkungen

1) Siehe Anmerkung 1 auf Seite 45
2) Siehe Anmerkung 1 und 2 auf Seite 43
3) Siehe Anmerkung 2 auf Seite 45

Bruder als Alleinerbe, Nießbrauchsvermächtnis für Ehefrau, eingeschränkte Wiederverheiratungsklausel

Testament

Mein Bruder Thomas wird nach meinem Tod mein Alleinerbe. Seine Ersatzerben sind seine gesetzlichen Erben.[1]

Meine Ehefrau Klara erhält als Vermächtnis den alleinigen Nießbrauch[2] an meinem gesamten Nachlaß bis zu ihrem Tod. Für den Fall ihrer Wiederverheiratung erlischt ihr Nießbrauchsrecht an den Erbschaftsgegenständen, die ich von meinen Eltern geerbt habe.

Kaiserslautern, den 5. November 1993 *Holger Nerdon*

Anmerkungen

1) Siehe Anmerkung 2 auf Seite 45
2) Der Nießbrauch berechtigt zur ausschließlichen Nutzung des Nachlasses und ist insofern mit der Anordnung der Vorerbschaft vergleichbar. Gegenüber der Vorerbschaftsregelung kann die Einräumung des Nießbrauchs erbschaftsteuerliche Vorteile haben.

5.1.5 Muster für verheiratete Erblasser mit Kindern

Gesetzliche Erben verheirateter Erblasser mit Kindern sind der überlebende Ehegatte und die Kinder. Die Erbquoten des Ehegatten und der Kinder hängen wiederum vom ehelichen Güterstand ab. Im Normalfall wird der Ehegatte zur Hälfte Erbe, die andere Hälfte fällt zu gleichen Teilen an die Kinder.[1] Pflichtteilsberechtigt sind der überlebende Ehegatte und die Kinder in Höhe der Hälfte des Wertes ihres gesetzlichen Erbteils.

---

1 Ausführlich zum Ehegatten- und Verwandtenerbrecht siehe S. 13 ff., 16 ff.

Ehegatte als Alleinerbe, Vermächtnis zugunsten der Kinder

Testament

Meine Ehegattin Regine wird nach meinem Tod meine Alleinerbin. Unsere Kinder Rolf und Bettina erhalten jeweils einen Anspruch gegen Regine auf Zahlung eines Achtels des Werts der Erbschaft, fällig drei Jahre nach meinem Tod.[1] Ersatzerben meiner Ehegattin sind unsere Kinder Rolf und Bettina zu gleichen Teilen.

Hannover, den 24. Januar 1994 *Ralf Brendel*

Anmerkung

1) Diese Regelung entspricht den Pflichtteilsansprüchen der Kinder, kann für den überlebenden Ehegatten jedoch Liquiditätsprobleme hervorrufen, wenn kaum liquide Mittel zur Auszahlung vorhanden sind. Der Ehegatte könnte dann zur Veräußerung von Vermögenswerten gezwungen sein.

Ehegatte als Alleinerbe, aufschiebend bedingtes Vermächtnis zugunsten der Kinder, Pflichtteilsklausel

Testament

Meine Ehegattin Barbara wird nach meinem Tod meine Alleinerbin. Unsere Kinder Rainer, Thomas und Franziska erhalten gegen Barbara einen Vermächtnisanspruch jeweils in Höhe eines Drittels des Wertes der Erbschaft. Unsere Kinder können ihren Vermächtnisanspruch jedoch erst nach dem Tod von Barbara gegen deren Erben geltend machen. Barbara ist nach meinem Tod unseren Kindern gegenüber verpflichtet, den Wert des Nachlasses zu ermitteln und unseren Kindern bekanntzugeben. Sollte eines unserer Kinder seinen Pflichtteil von Barbara verlangen, gilt das zu seinen Gunsten angeordnete Vermächtnis als nicht angeordnet.[1] Der Vermächtnisanspruch wächst dann den verbleibenden Kindern zu.

Ersatzerben für Barbara sind unsere Kinder jeweils zu einem Drittel.

Karlsruhe, den 27. Mai 1993 *Gernot Woltrich*

Anmerkung

1) Mit dieser Regelung sollen Pflichtteilsansprüche gegenüber der Witwe ausgeschlossen werden.

Ehegatte als Vorerbe, Kinder als Nacherben

Testament

Meine Gattin Gisela ist nach meinem Tod meine alleinige Vorerbin.[1] Sie ist von allen gesetzlichen Beschränkungen befreit.[2] Nacherben nach ihrem Tod oder für den Fall ihrer Wiederverheiratung sind meine Kinder Rolf, Peter und Christine jeweils zu einem Drittel.

Pirmasens, den 29. Oktober 1993 *Siegmund Raiser*

Anmerkungen

1) Siehe Anmerkung 1 auf Seite 43
2) Siehe Anmerkung 2 auf Seite 43

Kinder als Erben, Nießbrauch für Ehefrau

Testament

Meine Kinder Rolf, Peter und Christine werden nach meinem Tod meine Erben[1] zu je einem Drittel. Meiner Frau Gisela steht bis zu ihrem Tod oder bis zu ihrer Wiederverheiratung der Nießbrauch an meinem Nachlaß zu.[2]

Saarbrücken, den 9. Oktober 1991 *Paul Vetter*

Anmerkungen

1) Als Ersatzerben gelten gemäß § 2068 BGB die Abkömmlinge der eingesetzten Kinder.
2) Der Nießbrauch berechtigt zur ausschließlichen Nutzung des Nachlasses. Diese Regelung empfiehlt sich aus erbschaftsteuerlichen Gründen insbesondere bei höheren Nachlaßwerten. Falls erbschaftsteuerliche Gesichtspunkte eine geringere Rolle spielen, bietet sich statt dessen die Vor- und Nacherbenregelung an.

5.2 Gemeinschaftliche Testamente

5.2.1 Einführung

Gemeinschaftliche Testamente können nur von Ehegatten errichtet werden (§ 2265 BGB) und werden deshalb gelegentlich als **Ehegattentestamente** bezeichnet. Ebenso wie Einzeltestamente können sie als öffentliche Testamente, eigenhändige Testamente oder Nottestamente errichtet werden. Beim eigenhändigen Ehegattentestament genügt es, wenn einer der Ehegatten das Testament eigenhändig schreibt, unterschreibt sowie mit dem Datum versieht und den Ort der Niederschrift angibt. Der andere Ehegatte muß das Testament ebenfalls eigenhändig unterzeichnen und wiederum Datum und Ort der Unterschrift angeben.

Beispiel:

> *Gemeinschaftliches Testament*
>
> *Wir setzen uns gegenseitig zum Alleinerben ein.*
>
> *Freiburg, den 30. März 1994* *Bernhard Althoff*
>
> *Freiburg, den 30. März 1994* *Christine Althoff*

Die besondere Wirkung des gemeinschaftlichen Testaments besteht darin, daß bei sog. wechselbezüglichen Verfügungen über Erbeinsetzungen, Vermächtnissen oder Auflagen, d.h. Verfügungen, von denen anzunehmen ist, daß die Verfügung des einen Ehegatten nicht ohne die Verfügung des anderen getroffen wurde, den Widerruf oder die Nichtigkeit einer Verfügung die Unwirksamkeit der anderen zur Folge hat (§ 2270 Abs. 1 BGB). Dabei handelt es sich nach § 2270 Abs. 2 BGB im Zweifel um wechselbezügliche Verfügungen, wenn sich die Ehegatten gegenseitig bedenken oder wenn dem einen Ehegatten von dem anderen eine Zuwendung gemacht und für den Fall des Überlebens des Bedachten eine Verfügung zugunsten einer Person getroffen wird, die mit dem anderen Ehegatten verwandt ist oder ihm sonst nahesteht.

Der Widerruf einer wechselbezüglichen Verfügung kann bei Lebzeiten der Ehegatten nur durch notariell beurkundete Erklärung gegenüber dem anderen Ehegatten erfolgen (§§ 2271, 2296 BGB). Nach dem Tod eines Ehegatten erlischt grundsätzlich das Recht des anderen zum Widerruf (§ 2271 Abs. 2 Satz 1 BGB). Nur wenn er das ihm durch das gemeinschaftliche Testament Zugewandte ausschlägt, kann er seine wechselbezüglichen Verfügungen nach dem Tod seines Ehegatten noch aufheben. Nicht wechselbezügliche Verfügungen können hingegen ohne Wissen des anderen und sogar gegen dessen Willen durch neues einseitiges Testament ganz oder teilweise widerrufen werden. Dies kann auch nach dem Tod des anderen Ehegatten geschehen. Dessen Verfügung bleibt vom Widerruf unberührt.

Zu beachten ist, daß ein gemeinschaftliches Testament mit Auflösung der Ehe (z.B. Scheidung) unwirksam wird (§§ 2268, 2077 BGB), wenn nicht anzunehmen ist, daß es auch nach Auflösen der Ehe gültig sein soll. Außerdem kann es jederzeit von beiden Ehegatten gemeinsam widerrufen oder durch neues gemeinschaftliches Testament bzw. Erbvertrag abgeändert werden.

Checkliste: Formerfordernisse für eigenhändige Ehegattentestamente

Gesamter Wortlaut von einem Ehegatten vollständig eigenhändig geschrieben?	☐
Eigenhändig von diesem Ehegatten mit Vor- und Familienname unterschrieben?	☐
Datum und Ort der Niederschrift von diesem Ehegatten auf dem Testament vermerkt?	☐
Unterschrift des anderen Ehegatten mit Vor- und Familienname?	☐
Angabe von Datum und Ort der Unterschrift des anderen Ehegatten?	☐

5.2.2 Muster für Eheleute ohne Kinder

Gesetzliche Erben verheirateter Erblasser ohne Kinder sind der Ehegatte und die Eltern oder Geschwister und deren Nachkommen, pflichtteilsberechtigt sind der Ehegatte und die Eltern.[1]

1 Siehe auch S. 45

Gegenseitige Erbeinsetzung

Gemeinschaftliches Testament

Wir setzen uns gegenseitig zu Alleinerben ein.[1] *Diese Verfügungen sind wechselbezüglich.*[2]

Braunschweig, den 1.1.1991 — *Paul Gersdorf*
Braunschweig, den 1.1.1991 — *Gerlinde Gersdorf*

Anmerkungen

1) Damit ist der jeweilige Überlebende zum Alleinerben des Erstversterbenden eingesetzt, ohne in der Verfügungsbefugnis über die Regelung der Erbfolge nach seinem Tod beschränkt zu sein. Die pflichtteilsberechtigten Eltern des Erstversterbenden können im Erlebensfall gegenüber dem überlebenden Ehegatten Pflichtteilsansprüche geltend machen.
2) Diese Regelung stellt klar, daß es sich bei der gegenseitigen Erbeinsetzung um wechselbezügliche Verfügungen handelt. Falls keine gegenteiligen Anhaltspunkte bestehen, würde sich dies auch aus der gesetzlichen Auslegungsregel ergeben.

Gegenseitige Einsetzung als Vorerben, Nacherbschaft bei Wiederverheiratung und Tod

Gemeinschaftliches Testament

1. *Wir setzen uns gegenseitig als von allen gesetzlichen Beschränkungen befreite Vorerben ein.*[1] *Nacherben bei Wiederheirat des Längerlebenden oder nach seinem Tod sind die Personen, die gesetzliche Erben des Vorverstorbenen geworden wären. Erben des Letztversterbenden sind dessen gesetzliche Erben.*
2. *Lediglich die gegenseitige Einsetzung zum Vorerben und die Nacherbenregelung sind wechselbezüglich. Der Überlebende ist bei der Regelung seiner Erbfolge nicht gebunden.*[2]

Konstanz, den 14. Juni 1993 — *David Müller*
Konstanz, den 14. Juni 1993 — *Margarete Müller*

Anmerkungen

1) Die pflichtteilsberechtigten Eltern des Erstversterbenden können im Erlebensfall gegenüber dem überlebenden Ehegatten Pflichtteilsansprüche geltend machen. Zur Vorerbschaft siehe Anmerkung 1 und 2 auf Seite 43.
2) Diese Regelung macht deutlich, daß der Längerlebende die Anordnungen der gesetzlichen Erbfolge durch Einzeltestament abändern kann.

Gegenseitige Erbeinsetzung, Rentenvermächtnis

Gemeinschaftliches Testament

Wir setzen uns gegenseitig zu Alleinerben ein. Diese Verfügungen sind wechselbezüglich.

Der Überlebende ist mit dem Vermächtnis belastet, an die Eltern des Verstorbenen monatlich eine Rente in Höhe von 800,– DM zu zahlen.[1] Diese Rente vermindert sich auf 500,– DM, wenn lediglich ein Elternteil den vorverstorbenen Ehegatten überlebt.

Frankfurt, den 4. Juli 1993 — *Bettina Ruge*
Frankfurt, den 4. Juli 1993 — *Peter Ruge*

Anmerkung

1) Die Eltern des vorverstorbenen Ehegatten könnten im Erlebensfall Pflichtteilsergänzungsansprüche geltend machen, wenn der Wert des Rentenvermächtnisses geringer ist als der Wert ihres Pflichtteils.

Gegenseitige Erbeneinsetzung, Bestimmung der Erben und Vermächtnisnehmer nach dem Tod des letztversterbenden Ehegatten

Gemeinschaftliches Testament

I

Wir setzen uns gegenseitig zu Alleinerben ein.[1] Diese Verfügungen sind wechselbezüglich.

II

1. Erben nach dem Tod des letztversterbenden Ehegatten und bei gleichzeitigem Tod sind:

   Frau Emma Geiger, Werner-Schwidder-Straße 28, Dortmund, zu $^1/_2$ und die Herren:

   Steffen Walter, Oltenstraße 23, Böblingen
   Holger Walter, Siegburgstraße 34, Böblingen
   und Gerd Andersen, Werenstraße 2, Aschaffenburg

   jeweils zu 1/6

   Als Ersatzerbe für Emma Geiger wird Herr Volkmar Olten in Gera, Berliner Str. 2, eingesetzt.

2. Vermächtnisse

   Der Nachlaß nach dem Tod des letztversterbenden Ehegatten und bei gleichzeitigem Tod der Ehegatten ist mit folgenden Vermächtnissen belastet:

a) Als Vorausvermächtnis erhält Emma Geiger das Haus in der Walter Berger Str. 30 in Stuttgart samt Wohnungseinrichtung. Holger Walter erhält als Vorausvermächtnis das Brillantcollier, Gerd Andersen erhält als Vorausvermächtnis die goldene Taschenuhr. Steffen Walter erhält als Vorausvermächtnis die Brosche mit rechteckigem Topas und den Ring mit goldfarbenem Topas.

b) Vermächtnisse
Als Vermächtnis erhält Volkmar Olten das Wochenendhaus mit Grundstück in Schwäbisch-Gmünd. Beate Bendina in Leipzig, Salzstraße 1, erhält als Vermächtnis den Ring mit quadratischem Amethyst. Manfred Lorenz in Dresden, Darwinstr. 2, erhält als Vermächtnis die Bibliothek.

3. Die Verfügungen nach dem Tod des letztversterbenden Ehegatten sind nicht wechselbezüglich. Jeder Ehegatte ist berechtigt, diese Verfügungen durch neue letztwillige Verfügung abzuändern.

Stuttgart, den 18. August 1991 — Manfred Lassen
Stuttgart, den 18. August 1991 — Beate Lassen

Anmerkung

1) Die pflichtteilsberechtigten Eltern des Erstversterbenden können im Erlebensfall gegenüber dem überlebenden Ehegatten Pflichtteilsansprüche geltend machen.

5.2.3 Muster für Eheleute mit Kindern

Gesetzliche Erben und bei Enterbung pflichtteilsberechtigt sind der Ehegatte und die Kinder.

Gegenseitige Erbeinsetzung, Kinder als Schlußerben, Pflichtteilsklausel (sog. Berliner Testament)

Gemeinschaftliches Testament

Wir setzen uns gegenseitig zu alleinigen Vollerben ein. Erben nach dem Tod des zuletzt versterbenden Ehegatten sind unsere Kinder zu gleichen Teilen.[1] Sollte eines der Kinder beim Tod des Erstversterbenden Pflichtanteilsansprüche geltend machen, erhält es beim Tod des Letztversterbenden ebenfalls nur den Pflichtanteil.[2] Sein Anteil wächst dann den anderen Kindern zu gleichen Teilen zu.

Alle diese Verfügungen sind wechselbezüglich.[3]

Duisburg, den 1.1.1993 — Berthold Klarsen
Duisburg, den 1.1.1993 — Bettina Klarsen

Anmerkungen

1) Beim sog. „Berliner Testament" wird der überlebende Ehegatte Vollerbe und kann über den geerbten Nachlaß zu Lebzeiten frei verfügen. Als Erben des gesamten Nachlasses nach seinem Tod sind die gemeinsamen Kinder eingesetzt. Erbschaftssteuerlich kann diese Regelung insbesondere bei hohen Vermögenswerten nachteilig sein.
2) Diese Regelung dient dem Schutz des Überlebenden vor Pflichtteilsansprüchen.
3) Damit ist klargestellt, daß alle Regelungen des Testaments nur mit Einschränkungen einseitig widerrufbar sind.

Gegenseitige Erbeinsetzung, Kinder als Schlußerben, Pflichtteilsklausel, Bestimmung der Ersatzerben

Gemeinschaftliches Testament

1. Wir setzen uns gegenseitig zu alleinigen Vollerben ein. Erben nach dem Tod des zuletzt versterbenden Ehegatten sind unsere Kinder zu gleichen Teilen.[1]

2. Ersatzerben[2] unserer Kinder sind deren Kinder. Nicht zur Ersatzerbin ist Monika Vetter, die Tochter unseres Sohnes Manfred, berufen. Ihr Anteil wächst, soweit andere Kinder von Manfred vorhanden sind, diesen Kindern zu. Wenn keine anderen Kinder von Manfred vorhanden sind, wächst ihr Anteil unseren anderen Kindern zu gleichen Teilen zu. Manfred ist es unbenommen, Monika zu seiner Erbin einzusetzen.

3. Sollte einer der Pflichtteilsberechtigten Pflichtteilsansprüche geltend machen, erhält er beim Tod des Letztversterbenden ebenfalls nur den Pflichtteil.[3]

4. Alle diese Verfügungen sind wechselbezüglich.[4]

Leipzig, den 10. August 1993 Erich Vetter

Leipzig, den 10. August 1993 Ruth Vetter

Anmerkungen

1) Siehe Anmerkung 1 zum Berliner Testament auf Seite 54 oben
2) Zum Ersatzerben siehe Seite 22
3) Siehe Anmerkung 2 auf Seite 54 oben
4) Siehe Anmerkung 3 auf Seite 54 oben

Gegenseitige Erbeinsetzung, Tochter als alleinige Schlußerbin, Vermächtnisse zugunsten des Sohnes

Gemeinschaftliches Testament

I

Wir setzen uns gegenseitig zu alleinigen Vollerben ein. Diese Verfügungen sind wechselbezüglich.

II

1. Alleinerbin nach dem Tod des zuletzt versterbenden Ehegatten ist unsere Tochter Irene.
2. Peter hat im Jahre 1988 bereits 78.000 DM zum Zwecke der vorweggenommenen Erbfolge erhalten, ferner seine Ausbildung von uns finanziert bekommen. Er erhält des weiteren als Vermächtnis folgende Grundstücke:

   Freiburg: Junkermatte, Wiese, Lagebuchnummer 12230
   Freiburg: Junkermatte, Acker, Lagebuchnummer 12219
   Freiburg: Junkermatte, Wiese, Lagebuchnummer 12219/1.
3. Ersatzvermächtnisnehmer von Peter sind seine Kinder Ferdinand und Stephan.
4. Diese Verfügungen sind nicht wechselbezüglich. Der Überlebende ist in der Testierfreiheit über seinen Nachlaß nicht beschränkt und kann die vorbezeichneten Verfügungen abändern.

III

Sollte einer der Pflichtteilsberechtigten beim Tod des Erstversterbenden Pflichtteilsansprüche geltend machen, erhält er beim Tod des Letztversterbenden ebenfalls nur den Pflichtteil.

Freiburg, den 26.5.1991 Jan Wendel

Freiburg, den 26.5.1991 Brigitte Wendel

Vor- und Nacherbschaft

Gemeinschaftliches Testament

Der Erstversterbende von uns beruft den Überlebenden zu seinem von allen gesetzlichen Beschränkungen befreiten Vorerben.[1] Nacherben nach dem Tod des Vorerben oder für den Fall dessen Wiederverheiratung sind unsere Kinder zu gleichen Teilen. Sollte eines der Kinder beim Tod des Erstversterbenden Pflichtanteilsansprüche geltend machen, ist es nicht zur Nacherbfolge berufen und erhält beim Tod des Letztversterbenden ebenfalls nur den Pflichtteil. Sein Anteil wächst dann den anderen Kindern zu gleichen Teilen zu. Diese Verfügungen sind wechselbezüglich. Der Überlebende ist in der Testierfreiheit über seinen nicht der Vorerbschaft unterliegenden Nachlaß mit Ausnahme der Pflichtteilsregelung nicht beschränkt.[2]

Kassel, den 13. Oktober 1993 — *Pius Nock*

Kassel, den 13. Oktober 1993 — *Hermine Nock*

Anmerkungen

1) Siehe Anmerkung 1 und 2 auf Seite 43
2) Im Gegensatz zur Regelung im Berliner Testament ist der überlebende Ehegatte hier nicht daran gehindert, über sein nicht vom Erstverstorbenen geerbtes Vermögen durch Testament oder Erbvertrag zu verfügen.

Gegenseitige Einsetzung zum Miterben und Testamentsvollstrecker, Ausschluß der Nachlaßauseinandersetzung

Gemeinschaftliches Testament

Wir setzen uns gegenseitig zu einem Halb als Erben ein. Erben der anderen Hälfte sind zu gleichen Teilen unsere Kinder Rolf, Mathias und Sabine. Die Nachlaßauseinandersetzung ist bis zum Tode oder bis zur Wiederverheiratung des Überlebenden gegen dessen Willen ausgeschlossen. Bis zu diesem Zeitpunkt ist der überlebende Ehegatte Testamentsvollstrecker.[1] Diese Verfügungen sind wechselbezüglich. Die Testierfreiheit des überlebenden Ehegatten ist nicht beschränkt.

Kassel, den 10. April 1994 — *Peter Lorch*

Kassel, den 10. April 1994 — *Susanne Lorch*

Anmerkung

1) Gegenüber dem Berliner Testament und der Vor- und Nacherbschaftsanordnung bietet diese Regelung erbschaftsteuerliche Vorteile und sollte bei hohen Vermögenswerten in Betracht gezogen werden.

5.3 Erbverträge

5.3.1 Allgemeines

Ebenso wie durch Einzel- oder gemeinschaftliche Testamente können durch Erbverträge letztwillige Verfügungen von Todes wegen getroffen werden.

Der Erbvertrag kann allerdings nur vor einem **Notar** bei gleichzeitiger Anwesenheit beider Vertragsteile geschlossen werden (§ 2276 BGB). Dabei werden die Vertragsschließenden vom Notar über Form, Inhalt und Wirkung des Erbvertrages beraten.

Der Erblasser muß bei Abschluß des Erbvertrages grundsätzlich volljährig sein (§ 2275 Abs. 1 BGB). Ausnahmeregelungen gelten bei Ehegatten und Verlobten (§ 2275 Abs. 2 und 3 BGB). Geschäftsunfähige können keine Erbverträge abschließen.

Die besondere Wirkung des Erbvertrages besteht darin, daß vertragsmäßige Verfügungen über Erbeinsetzungen, Vermächtnisse und Auflagen bindend sind und nicht wie bei Testamenten – bei gemeinschaftlichen Testamenten allerdings nur eingeschränkt – widerrufen werden können. Zu beachten ist aber, daß der Erbvertrag bindende vertragsmäßige Verfügungen und einseitig widerrufliche Verfügungen enthalten kann. Entscheidend ist der erkennbare Wille der Vertragsschließenden, eine Verfügung der vertraglichen Bindung zu unterstellen. Um Zweifel auszuschließen, empfiehlt sich eine Klarstellung im Vertrag.

Die Änderung einer vertragsmäßigen Verfügung ist nur durch neuen Erbvertrag – bei Ehegatten auch durch gemeinschaftliches Testament – derselben Personen möglich, die den ursprünglichen Erbvertrag geschlossen haben (§§ 2290, 2292 BGB). Eine vertragsmäßige Regelung über ein Vermächtnis oder eine Auflage kann vom Erblasser außerdem dann durch neues Testament aufgehoben werden, wenn der Vertragsschließende seine Zustimmung erteilt und die Zustimmungserklärung notariell beurkundet wird (§ 2291 BGB). Nach dem Tod eines Vertragsschließenden ist eine Änderung der vertragsmäßig getroffenen Verfügungen über Erbeinsetzungen, Vermächtnisse und Auflagen grundsätzlich nicht mehr möglich.

Bei schweren Verfehlungen des Bedachten, bei Aufhebung der Gegenverpflichtung des Bedachten oder wenn der Rücktritt im Erbvertrag vorbehalten wurde, kann der Erblasser durch notariell beurkundete Erklärung gegenüber seinem Vertragspartner vom Erbvertrag allerdings zurücktreten. Der Rücktritt ist in diesem Fall auch nach dem Tod des Vertragspartners durch Testament möglich. Außerdem kann er bei Vorliegen besonderer Voraussetzungen den Erbvertrag anfechten. Die Anfechtung kann auch noch nach dem Tod des Vertragspartners erfolgen.

5.3.2 Erbvertrag eines Alleinstehenden mit seiner Tochter

Gesetzliche Erben und gleichzeitig pflichtteilsberechtigt sind die Kinder des Erblassers.[1]

Erbvertrag

Verhandelt am 23. September 1992 in 7500 Karlsruhe

Vor Gernot Wender
Notar in Karlsruhe

erschienen

1. *Herr Paul Mendrich, Webergasse 8, 7500 Karlsruhe, geb. am 3. April 1918 in Hamburg*
2. *dessen Tochter Henriette Lander, geb. Mendrich, Webergasse 8, 7500 Karlsruhe, geb. am 19. August 1947 in Karlsruhe,*

beide zu meiner Gewißheit ausgewiesen durch Personalausweise Nr. ... und nach meiner Überzeugung, die ich in der mit ihnen geführten Unterredung gewonnen habe, voll geschäfts- und testierfähig.

Die Erschienenen erklärten, einen Erbvertrag errichten zu wollen und ersuchten um Beurkundung. In ununterbrochener Verhandlung bei gleichzeitiger und persönlicher Anwesenheit der Erschienenen beurkunde ich hiermit ihren mir mündlich abgegebenen Erklärungen gemäß folgenden

Erbvertrag

I

Ich, Paul Mendrich, bin in der freien Verfügung über meinen Nachlaß nicht beschränkt und widerrufe alle bisher errichteten Verfügungen von Todes wegen.

---

1 Siehe auch Seite 43.

II

Als Gegenleistung dafür, daß meine Tochter Henriette Lander, geb. Mendrich, mich in ihrem Haushalt aufnimmt, versorgt und falls erforderlich pflegt, setze ich sie zu meiner Alleinerbin ein. Ihre gesetzlichen Erben sind ihre Ersatzerben.

Mein Sohn Gerhard erhält einen Vermächtnisanspruch in Höhe von $^6/_{10}$ des Wertes seines gesetzlichen Erbteils, fällig ein Jahr nach meinem Tod. Ein Ersatzvermächtnis wird nicht angeordnet.

III

Die Erbeinsetzung und die Ersatzerbeinsetzung ist vertragsmäßig und insoweit nicht abänderbar. Das Vermächtnis ist einseitig angeordnet und kann beliebig abgeändert werden.

Ich behalte mir für den Fall meines Ausscheidens aus dem Haushalt meiner Tochter wegen eines tiefgreifenden Zerwürfnisses vor, von diesem Vertrag durch notariell beurkundete Erklärung gegenüber meiner Tochter zurückzutreten. In diesem Fall erhält sie einen Vermächtnisanspruch in Höhe der Hälfte des Wertes der Erbschaft, fällig ein Jahr nach dem Erbfall. Diese Vermächtnisanordnung ist ebenfalls vertragsmäßig.

IV

Henriette Lander nimmt die vertraglichen Verfügungen an.

V

Die Kosten dieser Urkunde und ihrer amtlichen Verwahrung trägt Henriette Lander. Jeder Vertragsschließende erhält eine Ausfertigung der Vertragsurkunde.

Vom Notar vorgelesen, von den Beteiligten genehmigt und eigenhändig wie folgt unterschrieben:

Paul Mendrich
Henriette Lander
Gernot Wender, Notar

5.3.3 Erbvertrag von Ehegatten ohne Kinder

Gesetzliche Erben verheirateter Erblasser ohne Kinder sind in erster Linie der überlebende Ehegatte und die Eltern oder Geschwister und deren Nachkommen, pflichtteilsberechtigt sind der Ehegatte und die Eltern.[1]

Erbvertrag

Verhandelt am 10. August 1991 in 7500 Karlsruhe

Vor Gernot Wender
Notar in Karlsruhe

erschienen

1. *Herr Peter Kern, Siegelstraße 7, 7500 Karlsruhe, geb. am 9. September 1935 in Karlsruhe*
2. *dessen Ehefrau Daniela Kern, geb. Walz, Siegelstraße 7, 7500 Karlsruhe, geb. am 22. März 1938 in Karlsruhe,*

beide zu meiner Gewißheit ausgewiesen durch Personalausweise Nr. ... und nach meiner Überzeugung, die ich in der mit ihnen geführten Unterredung gewonnen habe, voll geschäfts- und testierfähig.

Die Erschienenen erklärten, einen Erbvertrag errichten zu wollen und ersuchten um Beurkundung. In ununterbrochener Verhandlung bei gleichzeitiger und persönlicher Anwesenheit der Erschienenen beurkunde ich hiermit ihren vor mir mündlich abgegebenen Erklärungen gemäß folgenden

Erbvertrag

I

Wir, Peter und Daniela Kern, sind in der freien Verfügung über unseren Nachlaß nicht beschränkt und widerrufen alle bisher errichteten Verfügungen von Todes wegen.

II

Wir setzen uns gegenseitig zum alleinigen und ausschließlichen Erben ein. Nach dem Tod des Letztversterbenden sind unsere Geschwister jeweils zu gleichen Teilen zur Erbschaft berufen. Deren Ersatzerben sind deren jeweilige gesetzliche Erben.

1 Siehe auch S. 45.

III

Diese Verfügungen sind vertragsmäßig und nicht abänderbar. Jeder Vertragsschließende kann für den Fall der Auflösung der Ehe oder wenn wegen Ehezerrüttung ein Scheidungsverfahren anhängig gemacht wurde, von diesem Vertrag durch notariell beurkundete Erklärung gegenüber dem anderen zurücktreten.

IV

Diese Verfügungen werden von uns gegenseitig angenommen.

V

Die Kosten dieser Urkunde und ihrer amtlichen Verwahrung tragen die Vertragsschließenden zur Hälfte. Von der Vertragsurkunde erhält jeder Vertragsschließende eine Ausfertigung.

Vom Notar vorgelesen, von den Beteiligten genehmigt und eigenhändig wie folgt unterschrieben:

Peter Kern
Daniela Kern
Gernot Wender, Notar

5.3.4 Erbvertrag von Ehegatten mit Kindern

Gesetzliche Erben verheirateter Erblasser mit Kindern und gleichzeitig pflichtteilsberechtigt sind der überlebende Ehegatte und die Kinder.[1]

Erbvertrag

Verhandelt am 17. Mai 1991 in 7500 Karlsruhe

Vor Gernot Wender
Notar in Karlsruhe

erschienen

1. *Stefan Hugenschmidt, Lieberstraße 112, 7500 Karlsruhe, geb. am 16. März 1930 in Karlsruhe*
2. *dessen Ehefrau Dorothea Hugenschmidt, geb. Lender, Lieberstraße 112, 7500 Karlsruhe, geb. am 9. Oktober 1932 in Rastatt,*

beide zu meiner Gewißheit ausgewiesen durch Personalausweise Nr. . . . und nach meiner Überzeugung, die ich in der mit ihnen geführten Unterredung gewonnen habe, voll geschäfts- und testierfähig.

1 Siehe S. 47.

Die Erschienenen erklärten, einen Erbvertrag errichten zu wollen und ersuchten um Beurkundung. In ununterbrochener Verhandlung bei gleichzeitiger und persönlicher Anwesenheit der Erschienenen beurkunde ich hiermit ihren vor mir mündlich abgegebenen Erklärungen gemäß folgenden

Erbvertrag

I

Wir, Stefan und Dorothea Hugenschmidt, sind in der freien Verfügung über unseren Nachlaß nicht beschränkt und widerrufen alle bisher errichteten Verfügungen von Todes wegen.

II

Wir setzen uns gegenseitig zu alleinigen und ausschließlichen Erben ein. Nach dem Tod des Letztversterbenden sind unsere gemeinsamen Kinder Ralf, Gerlinde und Gerhard zu gleichen Teilen zur Erbschaft berufen. Die aus erster Ehe stammende Tochter von Frau Dorothea Hugenschmidt, Gerda Gerler, erhält nach dem Tod des Letztversterbenden einen Vermächtnisanspruch gegen die Erben in Höhe eines Fünftels des Nachlasses.

Sollte eines unserer gemeinsamen Kinder beim Tod des Erstversterbenden Pflichtteilsansprüche geltend machen, erhält es beim Tod des Letztversterbenden ebenfalls nur den Pflichtteil. Das zugunsten Gerda Gerler angeordnete Vermächtnis wird unwirksam, wenn sie nach dem Tod ihrer Mutter Pflichtteilsansprüche geltend macht.

III

Diese Verfügungen sind vertragsgemäß und nicht abänderbar. Jeder Vertragsschließende kann für den Fall der Auflösung der Ehe oder wenn wegen Ehezerrüttung ein Scheidungsverfahren rechtshängig gemacht wurde, von diesem Vertrag durch notariell beurkundete Erklärung gegenüber dem anderen zurücktreten.

IV

Die Verfügungen werden von uns gegenseitig angenommen.

V

Die Kosten dieser Urkunde und ihrer amtlichen Verwahrung tragen die Vertragsschließenden je zur Hälfte. Jeder Vertragspartner erhält eine Ausfertigung der Vertragsurkunde. Vom Notar vorgelesen, von den Beteiligten genehmigt und eigenhändig unterschrieben:

Stefan Hugenschmidt
Dororthea Hugenschmidt
Gernot Wender, Notar

5.3.5 Erbvertrag von nichtehelichen Lebenspartnern mit Kindern

Erbvertrag

Verhandelt am 10. September 1992 in 7500 Karlsruhe

Vor

Gernot Wender
Notar in Karlsruhe

erschienen:

1. *Herr Paul Sendler, Liebermannstr. 1, 7500 Karlsruhe, geboren am 10. Februar 1950 in Stuttgart*
2. *Frau Monika Venn, Liebermannstr. 1, 7500 Karlsruhe, geboren am 05. Juli 1955 in Tübingen,*

beide zu meiner Gewißheit ausgewiesen durch Personalausweise Nr. . . . und nach meiner Überzeugung, die ich in der mit ihnen geführten Unterredung gewonnen habe, voll geschäfts- und testierfähig.

Die Erschienenen erklärten, einen Erbvertrag errichten zu wollen und ersuchten um Beurkundung.

In ununterbrochener Verhandlung bei gleichzeitiger und persönlicher Anwesenheit der Erschienenen beurkunde ich hiermit ihre vor mir mündlich abgegebenen Erklärungen gemäß folgendem

Erbvertrag

I

Wir, Paul Sendler und Monika Venn sind in der freien Verfügung über unseren Nachlaß nicht beschränkt und widerrufen vorsorglich alle bisher eventuell errichteten Verfügungen von Todes wegen.

II

Wir setzen uns gegenseitig zu alleinigen und ausschließlichen Erben ein. Erben nach dem Tod des zuletzt Versterbenden sind unsere Kinder Petra, Friedrich und Helmut zu gleichen Teilen. Deren Ersatzerben sind deren jeweilige gesetzliche Erben.

Sollte eines der Kinder beim Tod des Erstversterbenden Pflichtteilsansprüche geltend machen, erhält es beim Tod des Letztversterbenden ebenfalls nur den Pflichtteil. Sein Anteil wächst dann den anderen Kindern zu gleichen Teilen zu.

III

Diese Verfügungen sind vertragsgemäß und nicht abänderbar.

Jeder Vertragsschließende kann jedoch für den Fall der Auflösung der nichtehelichen Lebensgemeinschaft von diesem Vertrag durch notariell beurkundete Erklärung gegenüber dem anderen zurücktreten. Die Auflösung der nichtehelichen Lebensgemeinschaft im Sinne dieser Bestimmung wird unwiderlegbar vermutet, wenn die Vertragsschließenden seit einem Jahr getrennt leben.

IV

Diese Verfügungen werden von uns gegenseitig angenommen.

V

Die Kosten dieser Urkunde und ihrer amtlichen Verwahrung tragen die Vertragsschließenden je zur Hälfte. Von der Vertragsurkunde erhält jeder Vertragsschließende eine Ausfertigung.

VI

Von dem Notar vorgelesen, von den Beteiligten genehmigt und eigenhändig wie folgt unterschrieben:

Paul Sendler *Monika Venn*

Gernot Wender, Notar

5.4 Testamente für Unternehmer, Gesellschafter und Freiberufler

Die gesetzliche Erbfolge und die Pflichtteilsrechte bei Unternehmern, Gesellschaftern und Freiberuflern hängen wie bei Privaten von den jeweiligen Familienverhältnissen ab. Unternehmer, Gesellschafter und Freiberufler müssen außer den Familienverhältnissen jedoch zusätzlich bei der Testaments- und Erbvertragsgestaltung die Zukunft des Unternehmens, der freiberuflichen Praxis oder der Gesellschaft berücksichtigen. Außerdem treten steuerliche Gesichtspunkte mehr in den Vordergrund. Bei der Testamentsgestaltung sollte insbesondere berücksichtigt werden, daß bei der Auflösung der Erbengemeinschaft Ausgleichszahlungen für die Überlassung von Betriebsvermögen der Einkommensteuer unterliegen.[1]

5.4.1 Unternehmertestament

Testament

1. *Nach meinem Tod wird mein Sohn Albert, der schon längere Zeit maßgeblich in meinem Textilunternehmen mitwirkt, mein Alleinerbe.*

2. *Er ist mit folgenden Vermächtnissen belastet:*

   a) *Meine Gattin Adelheid erhält bis zu ihrem Tod oder ihrer Wiederheirat das alleinige und unbeschränkte Wohnrecht in unserem Einfamilienhaus in Tuttlingen. Dieses Wohnrecht ist binnen sechs Monaten nach meinem Tod im Grundbuch einzutragen. Das Eigentum an dem Einfamilienhaus hat Albert binnen zwei Jahren nach der Eintragung des Wohnrechts auf meine weiteren Kinder Bernhard und Siegfried je zur Hälfte als Miteigentümer zu übertragen.*

   b) *Meine Gattin Adelheid und meine Kinder Bernhard und Siegfried werden jeweils als stille Gesellschafter zu einem Achtel am Gewinn des Textilunternehmens beteiligt. Maßgebend ist dabei die Steuerbilanz. Eine Verlustbeteiligung der stillen Gesellschafter ist ausgeschlossen. Allein geschäftsführungsbefugt ist Albert. Die Steuerbilanz ist jeweils bis Ende Juni*

1 Vgl. hierzu Abschnitt 3, S. 29.

des darauffolgenden Jahres zu erstellen. Auf den zu erwartenden Gewinn sind vierteljährlich Vorauszahlungen entsprechend dem Anteil aus dem Gewinn der letzten Steuerbilanz an die stillen Gesellschafter zu leisten. Bis zur ersten Steuerbilanz nach meinem Tod ist die letzte Steuerbilanz vor meinem Tod maßgebend.

3. *Für den Fall, daß meine Gattin vor mir stirbt, sich von mir scheiden läßt oder nach meinem Tod wieder heiratet, gelten die sie begünstigenden Vermächtnisse nicht.*[1]

Tuttlingen, den 11. April 1991 *Hartmut Nauer*

Anmerkung

1) Albert muß in diesem Fall die Gewinnquote für Adelheit nicht auszahlen, Bernhard und Siegfried erhalten das Einfamilienhaus ohne Belastung mit dem Wohnrecht.

5.4.2 Testament eines Freiberuflers

Die Situation des Freiberuflers unterscheidet sich vom Unternehmer bei der Nachfolgefrage darin, daß die Übernahme der Praxis durch Sohn oder Tochter nur in Frage kommt, wenn der Betreffende die erforderliche, gesetzlich vorgeschriebene Prüfung absolviert hat und für die freiberufliche Berufsausübung zugelassen ist (z.B. Zulassung als Anwalt). Wenn dies der Fall ist, läßt sich die Nachfolge ähnlich wie beim Unternehmer regeln. Ansonsten muß die freiberufliche Praxis verkauft und der Erlös unter den Erben verteilt werden. Der Testierende sollte sich in diesem Fall rechtzeitig um einen geeigneten Nachfolger kümmern, zumindest die Erben darüber unterrichten, welche Maßnahmen einzuleiten sind und welche Möglichkeiten bestehen, um den Verkauf der Praxis ohne größere Verluste zu erreichen.

Testament

Nach meinem Tod werden meine Kinder Kerstin und Peter meine Alleinerben jeweils zur Hälfte. Peter hat nach meinem Tod die Aufgabe, wie ihm bereits mündlich erläutert und schriftlich in den Anordnungen für den Fall meines Todes festgehalten, die erforderlichen Maßnahmen für die vorläufige Weiterführung und den Verkauf meiner Praxis durchzuführen. Er ist für diese Maßnahmen für die Erbengemeinschaft vertretungsberechtigt und geschäftsführungsbefugt und haftet nur für grobe Fahrlässigkeit.

Meine Gattin Eleonore erhält bis zu ihrem Tod oder ihrer Wiederverheiratung den Nießbrauch an meinem gesamten Nachlaß.[1]

Augsburg, den 17. November 1993 *Burkhard Hein*

Anmerkung
1) Siehe Anmerkung 2 auf Seite 46.

5.4.3 Gesellschaftertestamente

Bei BGB-Gesellschaften, offenen Handelsgesellschaften oder Kommanditgesellschaften endet die Gesellschaft grundsätzlich mit dem Tod eines Gesellschafters, bei der Kommanditgesellschaft beim Tod eines Komplementärs, wenn im Gesellschaftsvertrag nichts anderes vereinbart ist. Das automatische Nachrücken eines Erben anstelle eines verstorbenen Gesellschafters ist deshalb nur möglich, wenn dies im Gesellschaftsvertrag vorgesehen ist. Genau umgekehrt ist es bei Kapitalgesellschaften (GmbH[1], AG). Hier treten die Erben an die Stelle des verstorbenen Gesellschafters bzw. Aktionärs, wenn dies im Gesellschaftsvertrag nicht ausgeschlossen ist.

Diese gesellschaftlichen Bestimmungen muß der Testierende bei der Abfassung eines Gesellschaftertestaments berücksichtigen, ggf. sollte er auf eine Änderung des Gesellschaftsvertrags hinwirken.

---

1 Speziell zu den Problemen, die sich bei letztwilligen Verfügungen eines GmbH-Gesellschaftergeschäftsführers ergeben, siehe Huber, Das Testament des Gesellschafter-Geschäftsführers der GmbH.

Testament eines Alleingesellschafters mit Kindern

Testament eines Alleingesellschafters einer GmbH mit Einsetzung der Ehefrau als Alleinerbin, Übertragung der GmbH-Anteile durch Vermächtnis auf den Sohn und Übertragung von Grundbesitz durch Vermächtnis auf die Tochter;

Testament

I

Alleinerbin ist meine Ehefrau Christine.

II

Zugunsten meiner Kinder ist meine Ehefrau mit folgenden Vermächtnissen belastet:

1. *Mein Sohn Wolfgang soll meine Nachfolge als Unternehmer antreten und erhält als Vermächtnis sämtliche GmbH-Anteile an der A-GmbH.*
2. *Meine Tochter Sigrid erhält als Vermächtnis das Miethaus in Stuttgart und die Eigentumswohnung in München.*

III

Für den Fall, daß meine Ehefrau vor mir sterben sollte, sind meine Kinder Wolfgang und Sigrid meine Erben jeweils zur Hälfte. In diesem Fall gelten die unter Ziffer II angeordneten Vermächtnisse als Vorausvermächtnisse.

Düsseldorf, den 1. Dezember 1993 *Paul Meier*

Testament eines Alleingesellschafters einer GmbH ohne Kinder mit Einsetzung der Ehefrau als Alleinerbin und Anordnung der Testamentsvollstreckung für die GmbH-Anteile

Testament

I

Meine Ehefrau setze ich zu meiner Alleinerbin ein.

II

1. *Zur Verwaltung meiner GmbH setze ich meinen Steuerberater Dieter Valen für fünf Jahre nach meinem Tod als Testamentsvollstrecker ein. Seine Befugnisse sind beschränkt auf die Wahrnehmung aller Rechte und Pflichten aus den GmbH-Anteilen. Die Erträge der GmbH stehen, nach Abzug der Vergütung des Testamentsvollstreckers, meiner Ehefrau zu.*

2. *Der Testamentsvollstrecker hat die Aufgabe, die Fortführung des Unternehmens zu sichern, unter anderem einen geeigneten Geschäftsführer zu bestellen, die Geschäftsführung zu kontrollieren und innerhalb von fünf Jahren nach meinem Tod die GmbH-Anteile zu veräußern.*

   Als Vergütung erhält der Testamentsvollstrecker pro angefangenem Jahr seiner Tätigkeit 8 % des Jahresgewinns der GmbH, vom Verkaufserlös stehen ihm 5 % zu.

3. *Für den Fall, daß mein Steuerberater Dieter Valen die Testamentsvollstreckung nicht annimmt oder nicht annehmen kann, soll er einen geeigneten, branchenkundigen Testamentsvollstrecker benennen.*

   Falls er diese Benennung nicht durchführen kann, soll der Präsident der Frankfurter Industrie- und Handelskammer einen geeigneten, branchenkundigen Testamentsvollstrecker benennen.

III

Meine Ehefrau wird mit folgenden Vermächtnissen belastet:

1. *Mein Patenkind Jürgen erhält zu seinem 25. Lebensjahr die Zweizimmerwohnung in Wiesbaden unter der auflösenden Bedingung, daß die Wohnung von ihm mindestens bis zu seinem 45. Lebensjahr nicht veräußert wird.*
2. *Mein Bruder Gernot erhält 10 % des Verkaufserlöses der GmbH-Anteile.*

Frankfurt, den 7.12.1993 *Lothar Molden*

Testament eines Mitgesellschafters an einer GmbH mit Einsetzung des Sohnes als Alleinerben und der Anordnung von Vermächtnissen zugunsten der Ehefrau und der anderen Kinder

Testament

I

Alleinerbe nach meinem Tod ist mein Sohn Roland.

II

Roland wird mit folgenden Vermächtnissen belastet:

1. *Meine Ehefrau Elisabeth erhält das von uns bewohnte Haus in Offenbach. Mit ihrem Tod erhalten meine Kinder Peter und Susanne jeweils zur Hälfte das Haus als Nachvermächtnis.[1] Außerdem erhält meine Ehefrau als Vermächtnis den gesamten Hausrat einschließlich des von mir gefahrenen Fahrzeugs sowie meine Wertpapiere und Bankguthaben.*
2. *Meine Kinder Peter und Susanne erhalten als Vermächtnis den lebenslänglichen Nießbrauch von jeweils 1/10 der auf meinen Sohn Roland im Erbfall übergangenen GmbH-Anteile. Außer dem Recht auf Gewinnbeteiligung und Auskunfterteilung bleiben jedoch alle Rechte und Pflichten bei Roland*

Offenbach, den 1.9.1991 *Friedrich Vetter*

Anmerkung

1) Wie bei der Erbeinsetzung mit Vor- und Nacherbfolge kann auch ein Vermächtnis so angeordnet werden, daß der vermachte Vermögenswert ab einem bestimmten Ereignis einem anderen Vermächtnisnehmer zusteht.

5.5 Testamente für nicht verheiratete Paare

5.5.1 Einführung

Gesetzliche Erben lediger und verwitweter Erblasser ohne Kinder sind deren Eltern. Leben zur Zeit des Erbfalls der Vater oder die Mutter nicht mehr, treten an die Stelle des Verstorbenen dessen Abkömmlinge, d.h. die Geschwister des Erblassers bzw. deren Kinder oder Kindeskinder. Die Eltern sind jeweils in Höhe eines Viertels des Wertes der Erbschaft auch pflichtteilsberechtigt. Die Geschwister des Erblassers und deren Nachfahren haben keine Pflichtteilsansprüche.

Gesetzliche Erben lediger oder verwitweter Erblasser mit Kindern sind die Kinder zu gleichen Teilen, ersatzweise deren Abkömmlinge.

Der nichteheliche Lebenspartner, auch wenn die nichteheliche Lebensgemeinschaft über Jahrzehnte bestanden hat, ist ohne Testament oder Erbvertrag nicht zur Erbschaft berufen. Er ist nach der gesetzlichen Regelung sogar verpflichtet, die Haushaltsgegenstände, die seinem Lebenspartner gehörten, an dessen Erben, also an dessen Eltern oder Geschwister oder an dessen Kinder herauszugeben. In den meisten Fällen entspricht die gesetzliche Erbfolgeregelung nicht dem Willen der nichtehelichen Lebenspartner. Es ist deshalb allen nicht verheirateten Paaren dringend anzuraten, zumindest wenn sie bereits längere Zeit zusammen leben oder wenn sie dies vorhaben, die Erbfolge rechtzeitig zu regeln.

5.5.2 Muster für Paare ohne Kinder

Einsetzung des Lebenspartners als Alleinerbe, Vermächtnisse zugunsten der Geschwister

Testament

1. Ich, Gerhard Kestner, setze meine Lebensgefährtin Bettina Kern zu meiner Alleinerbin ein.

2. Sie ist mit folgenden Vermächtnissen belastet:

a) Meine Schwester Gisela erhält von ihr das Meißner Porzellan und das Tafelsilber meiner Großeltern, mein Bruder Friedrich erhält von ihr die goldene Uhr und die Briefmarkensammlung meines Großvaters.

b) Meine Mutter und mein Vater erhalten jeweils einen Anspruch gegen Bettina auf Zahlung eines Viertels des Wertes der Erbschaft, fällig ein Jahr nach meinem Tod.[1]

3. Sollte Bettina als Erbin ausfallen, sind meine Eltern ihre Ersatzerben. Deren Ersatzerben sind deren jeweilige gesetzliche Erben.

4. Für den Fall, daß wir unsere Lebensgemeinschaft auflösen, ist Bettina nicht mehr zu meiner Erbin berufen, statt dessen gilt die gesetzliche Erbfolge.[2]

Düsseldorf, den 15.05.1993 *Gerhard Kestner*

Anmerkungen

1) Diese Regelung entspricht dem Pflichtteilanspruch. Die Fälligkeitsregelung ermöglicht der Erbin, den Nachlaß in Ruhe zu ordnen und zu bewerten.

2) Diese Regelung sollte als Vorsichtsmaßnahme für den Fall getroffen werden, daß bei einer späteren Auflösung der Lebensgemeinschaft nicht an das Testament gedacht wird.

Einsetzung der Lebenspartnerin als Vorerbin, Schwester als Nacherbin

Testament

1. a) Meine Lebensgefährtin Katharina setze ich zu meiner Vorerbin[1] ein.[2]

b) Nacherbin nach ihrem Tod ist meine Schwester Dorothea, ersatzweise deren Kinder.

2. Die Erbeinsetzung von Katharina gilt nicht mehr, wenn wir unsere Lebensgemeinschaft auflösen.[3] In diesem Fall ist Dorothea, ersatzweise deren Kinder, als Vollerbin[1] eingesetzt.

Pforzheim, den 23.04.1991 *Dieter Deen*

Anmerkungen

1) Die pflichtteilsberechtigten Eltern sind mit dieser Regelung enterbt und können im Erlebensfall den Pflichtteil verlangen.

2) Zu den Beschränkungen des nicht befreiten Vorerben siehe Seite 23; siehe auch Anmerkung 1 auf Seite 43.

3) Diese Regelung ist als Vorsichtsmaßnahme für den Fall gedacht, daß bei späterer Auflösung der Lebensgemeinschaft nicht an die Änderung des Testaments gedacht wird.

Einsetzung eines Neffen als Erben, Vermächtnisse zugunsten des Lebenspartners und zugunsten von Geschwistern

Testament

1. Mein Patenkind Berthold ist zu meinem Alleinerben[1] eingesetzt.

2. Er ist mit folgenden Vermächtnissen belastet:

a) Mein Lebensgefährte Werner erhält bis zu seinem Lebensende das Wohnrecht an der von uns genutzten Eigentumswohnung in Offenbach. Werner erhält ferner meinen gesamten Hausrat und mein Auto. Ferner erhält er die bei der Deutschen Bank in Offenbach deponierten Wertpapiere und die dortigen Sparbuch- und Kontoguthaben.

b) Meinen Schmuck erhält meine Schwester Gisela.

3. Ersatzerben von Berthold sind seine gesetzlichen Erben, Ersatzerbin von Gisela ist deren Tochter Monika. Sollte Werner bei meinem Tod nicht mehr leben, entfällt das zu seinen Gunsten angeordnete Vermächtnis.

4. Für den Fall, daß wir unsere Lebensgemeinschaft auflösen, ist das zugunsten von Werner verfügte Vermächtnis nicht mehr wirksam.[2]

Offenbach, den 16.5.1991 *Margarete Beller*

Anmerkungen

1) Die pflichtgerechtigten Eltern sind mit dieser Regelung enterbt und können im Erlebensfall den Pflichtteil verlangen.

2) Diese Regelung sollte als Vorsichtsmaßnahme getroffen werden für den Fall, daß bei einer späteren Auflösung der Lebensgemeinschaft nicht an das Testament gedacht wird.

5.5.3 Muster für Paare mit Kindern

Einsetzung des Lebenspartners als Vorerben und der Kinder als Nacherben

Testament

Mein Lebenspartner Edmund ist nach meinem Tod mein Vorerbe.[1]

Nacherben nach seinem Tod sind unsere Kinder Elke und Heike zu gleichen Teilen. Die Einsetzung von Edmund zum Vorerben gilt nicht mehr, wenn wir unsere Lebensgemeinschaft auflösen.[2] *In diesem Fall sind die Kinder zu gleichen Teilen Vollerben.*

Für den Fall, daß eines meiner Kinder nach meinem Tod von Edmund den Pflichtteil fordert, ist es nicht zur Erbschaft berufen. Sein Erbanteil erhält dann meine andere Tochter.[3]

Donaueschingen, den 25.4.1993 *Susanne Dohlen*

Anmerkungen

1) Zu den Beschränkungen des nicht befreiten Vorerben siehe Seite 23; siehe auch Anmerkung 1 auf Seite 43.

2) Diese Regelung sollte als Vorsichtsmaßnahme getroffen werden für den Fall, daß bei einer späteren Auflösung der Lebensgemeinschaft nicht an das Testament gedacht wird.

3) Diese Verwirkungsklausel soll Edmund vor Pflichtteilsansprüchen schützen.

Einsetzung des Lebenspartners und der Kinder als Erben

Testament

1. *Meine Lebensgefährtin Thea ist zu einem Halb, meine Kinder Klaus und Edeltraud sind je zu einem Viertel als Erben eingesetzt.*
2. *Für den Fall, daß Thea vor mir stirbt oder wir unsere Lebensgemeinschaft auflösen, sind nur meine Kinder Edeltraud und Klaus jeweils zu einem Halb zur Erbschaft berufen.*

Offenburg, den 15.2.1994 *Sebastian Herden*

6 Literaturverzeichnis

Brönner, Herbert/Rux, Hans-Joachim: Steuervorteile durch zweckmäßige Erb- und Unternehmensnachfolge, 4. Aufl. 1983, Rudolf Haufe Verlag, Freiburg

Brox, Hans: Erbrecht, 14. Aufl. 1993, Carl Heymanns Verlag KG, Köln

Esch, Günter/Schulze zur Wiesche, Dieter: Handbuch der Vermögensnachfolge, 4. Aufl. 1992, Erich Schmidt Verlag, Berlin

Harder, Manfred: Grundzüge des Erbrechts, 2. Aufl. 1983, Alfred Metzner Verlag, Frankfurt a.M.

Linde, Trutz/Clausnitzer, Martin/Kohlhepp, Hubert: Vorteilhafte Testamentsgestaltung, 6. Aufl. 1993, Rudolf Haufe Verlag, Freiburg

Huber, Günter: Das Testament des Gesellschafter-Geschäftsführers der GmbH, 1985, Information Verlags GmbH u. Co KG, Freiburg

Huber, Günter: Wie errichte und gestalte ich ein Testament? In: Lexikon des Steuer- und Wirtschaftsrechts, Gruppe 8 S. 613ff., WRS-Verlag, München

Kipp, Theodor/Coing, Helmut: Erbrecht, 14. Aufl. 1990, J.C.B. Mohr, Tübingen

Lange, Heinrich/Kuchinke, Kurt: Lehrbuch des Erbrechts, 3. Aufl. 1993, C.H. Beck Verlag, München

Leipold, Dieter: Grundzüge des Erbrechts, 10. Aufl. 1993, J.C.B. Mohr, Tübingen

Lübtow, Ulrich v.: Erbrecht, 1971, Band 1 und 2, Duncker & Humblot, Berlin

Palandt: Bürgerliches Gesetzbuch, 53. Aufl. 1994, C.H. Beck Verlag, München

Rebmann, Kurt/Säcker, Franz-Jürgen: Münchner Kommentar zum Bürgerlichen Gesetzbuch, Band 6: Erbrecht, 2. Aufl. 1989, C.H. Beck Verlag, München

Schlüter, Wilfried: Erbrecht, 12. Aufl. 1986, C.H. Beck Verlag, München

Schönhofer/Reinisch: Haus- und Grundbesitz in Recht und Praxis (HuG), Loseblatt 1978 ff., Haufe Verlag, Freiburg

7 Stichwortverzeichnis

(Die Zahlen bezeichnen die Seiten)